ALEXANDRE DUMAS

Alexandre Dumas

Kleines Wörterbuch der Kochkünste

Aus dem Französischen, herausgegeben und mit einem Nachwort von Joachim Schultz

Illustrationen von Pauline Altmann

Matthes & Seitz Berlin

NOCH EIN WORT ANS PUBLIKUM

Nachdem ich mich dazu entschieden hatte, dieses Buch zu schreiben und daraus sozusagen in einem Augenblick der Erholung die Krönung eines literarischen Werks von vier- oder fünfhundert Bänden zu machen, war ich, so gestehe ich, mir ziemlich im Unklaren, nicht was den Inhalt, sondern was die Form dieses Werks betraf.

Welche Form auch immer ich wählen sollte, man erwartete von mir mehr, als ich geben konnte.

Wenn ich ein geist- und phantasievolles Buch schreiben würde, so wie die *Physiologie des Geschmacks* von Brillat-Savarin, würden die Leute vom Fach, die Köche und Köchinnen, ihm keinerlei Aufmerksamkeit schenken.

Wenn ich ein praktisches Buch schreiben würde, wie etwa die *Cuisinière bourgeoise* (›Die bürgerliche Köchin‹), hieße es bei den Laien: Ebenso verdienstvoll wäre es gewesen, Michelet zu sagen, er sei der geschickteste Dramenbauer, der jemals seit Shakespeare existiert habe, oder zu Ourliac, er habe nicht nur französischen, sondern auch noch gascognischen Geist, wie daherzukommen, um uns in einem Buch von 800 Seiten mitzuteilen, dass man dem Kaninchen das Fell gleich abziehen, während man den Hasen noch eine Zeitlang abhängen lassen müsse.

Das war nicht mein Ziel: Ich wollte von den Laien gelesen und von den Fachleuten konsultiert werden.

Grimod de La Reynière hatte zu Beginn des Jahrhunderts mit einem gewissen Erfolg den *Almanach der Feinschmecker* veröffentlicht, aber das war eben nur ein Buch zur Gastronomie und keines mit Kochrezepten.

Was mich dagegen vor allem reizte, mich, den unermüdlichen Reisenden, der ich Italien und Spanien, wo man schlecht isst, den Kaukasus und Afrika, wo man gar nichts zu essen hat, durchquert habe, war, den Ländern, wo man schlecht isst, zu zeigen, wie man besser isst, und denen, wo es gar nichts zu essen gibt, zu zeigen, wie man mehr recht als schlecht isst. Dazu muss man, wohlgemerkt, selbst ein guter Jäger sein.

Nachdem ich lange mit mir zu Rate gegangen war, kam ich zu dem folgenden Ergebnis:

Aus den klassischen Kochbüchern, die einen gewissen Bekanntheitsgrad erlangt haben, wie dem Lexikon des Verfassers der Memoiren der Madame de Créqui, der Kochkunst von Beauvilliers, dem letzten Fachmann im Père Durand in Nîmes, den großen Rezeptsammlungen aus der Zeit Ludwigs XIV. und Ludwigs XV., wollte ich die Speisen entnehmen, die das Recht erlangt hatten, an den besten Tafeln serviert zu werden. Von Carême, diesem Apostel der Feinschmecker, wollte ich mir das ausleihen, was mir die Herren Garnier, seine Verleger, gestatten würden. Ich wollte die so geistreichen Schriften des Marquis de Cussy durchsehen und seine besten Erfindungen übernehmen; ich wollte Elzéar Blaze noch einmal lesen und, indem ich mein jägerisches Feingefühl mit dem seinen verband, etwas Neues über die Zubereitung von Wachteln und Fettammern liefern. Dann wollte ich noch all die Gerichte, die ich überall in der Welt gesammelt hatte, ebenso wie die unbekanntesten und geistreichsten Anekdoten über die Küchen der Völker und die Völker selbst aufführen, alles Wissenswerte über alle essbaren Pflanzen und Tiere zu Papier bringen.

So wird mein Buch durch das Wissen und den Geist, die es enthält, die Fachleute nicht allzu sehr erschrecken und es vielleicht verdienen, von ernsthaften Männern gelesen zu werden, ja sogar von anmutigen Frauen, die keine Angst davor haben, ihre Finger beim Umblättern dieser Seiten zu ermüden, von denen einige es mit Monsieur de Maistre und andere mit Monsieur de Sterne aufnehmen können.

Nachdem ich dies gesagt habe, beginne ich selbstverständlich mit dem Buchstaben A.

Appetit

Es gibt drei Arten von Appetit: Die erste, wenn man verspürt, dass man hungrig ist; ein unabweisliches Gefühl, das, was die Speisen betrifft, mit keinen großen Ansprüchen verbunden ist und bei dem uns das Wasser im Munde zusammenläuft, wenn wir ein gutes Ragout sehen. Die zweite Art des Appetits liegt vor, wenn wir uns ohne großen Hunger zu Tisch setzen und zuvor schon ein köstliches Gericht zu uns genommen haben. Auf diese Art des Appetits bezieht sich das Sprichwort: »Der Appetit kommt beim Essen.« Die dritte Art des Appetits ist die, die ein köstliches Gericht am Ende einer Mahlzeit hervorruft, wenn sich die Gäste mit zufriedenem Magen ohne Bedauern gerade von der Tafel erheben wollen.

Die Pariser, die Obst- und Gemüsehändler aus dem Umland, nennen *appétit* auch die grünen Stängel der Zwiebel und der Perlzwiebel, die als wichtigstes Gewürz immer den Ragouts und den allgemein beliebten Salaten beigegeben werden.

Artischocke

Artischocken nach Grimod de La Reynière

Gemüsepflanze mit langen, breiten, unterteilten, ungleichförmigen Blättern von grüner oder weißlicher Farbe. Mitten heraus wächst der zimtfarbene, behaarte, markhaltige Stiel, von dem mehrere Zweige abgehen, die in einem Kelch mit den Befruchtungsorganen enden. Früher gab es diese Pflanze nur in Italien. Heute haben die Gärtner sie unserem Klima angepasst, und es gibt bei uns weiße, grüne, violette, rote und süße Artischocken. Die weiße, die violette und die grüne haben am meisten Geschmack. Die kleinen, die Pfefferartischocken, werden roh gegessen.

Schneiden Sie genügend Zwiebeln in große Würfel und bräunen Sie sie in Butter gut an. Würzen Sie sie mit Salz und Kräutern und lassen Sie sie in der Butter kalt werden, aber in einem eigenen Teller, nicht in der Kasserolle. Kochen Sie die Artischockenböden (ohne Blätter), tropfen Sie sie ab und füllen Sie sie mit der Zwiebelmasse. Streuen Sie Semmelbrösel oder geriebenen Käse darüber und überbacken Sie sie im Ofen. Dann sofort servieren.

Dieses neue Rezept, eine Erfindung des Verfassers des *Almanach der Feinschmecker,* erhielten wir mit einer Randbemerkung des Verfassers der Memoiren der Madame de Crequi; zwei Empfehlungen sind mehr wert als eine.

Aubergine

Frucht aus der Familie der Nachtschattengewächse in Form eines großen Eis. Die weißen und die violetten Auberginen sind die besten. Man kann sie als Salat essen oder gekocht; und hier die beiden besten Rezepte:

Auberginensalat auf provenzalische Art

Schälen Sie die Auberginen und schneiden Sie sie in dünne Scheiben, die zwei Stunden in einer Marinade aus Essig, Nusslake, grauem Salz, schwarzem Pfeffer und ein wenig Knoblauch ruhen müssen. Dann das Wasser aus ihnen herauspressen. Sie können daraus nun einen Salat mit Brunnenkresse, Rapunzel, harten Eiern, gefüllten Oliven und einigen Stücken Thunfischfilet machen.

Auberginen auf Pariser Art

Schaben Sie das Fleisch aus vier violetten Auberginen, ohne dabei die Schale zu beschädigen. Hacken Sie dieses Fleisch mit Geflügelfleisch oder gebratenem Lammfleisch oder magerem Spanferkelfleisch oder mit jedem anderen gekochten weißen Fleisch. Mischen Sie in diese Füllung 180 Gramm Mark oder, wenn Sie das vorziehen, mischen Sie sie mit einer Messerspitze Muskatnuss, 180 Gramm fettem Speck und etwas Salz. Geben Sie Semmelbrösel hinzu und rühren Sie vier Eigelb unter. Füllen Sie nun damit die Auberginenhälften und braten Sie diese in einer Auflaufform im Backofen, nachdem Sie flüssiges Mark oder ausgelassenen Speck darüber gegossen haben.

Auster

Die Auster ist das von der Natur am meisten vernachlässigte Weichtier.

Da sie keinen Kopf hat, hat sie auch keine Seh-, Hör- und Geruchsorgane; ihr Blut hat keine Farbe; ihr Körper ist durch einen kräftigen Muskel mit den beiden Schalenhälften verbunden; mit diesem Muskel kann sie ihre Schale öffnen und schließen.

Sie hat auch kein Fortbewegungsorgan; ihre einzige Tätigkeit ist Schlafen, ihr einziges Vergnügen Fressen. Da die Auster ihre Nahrung nicht selbst suchen kann, kommt die Nahrung zu ihr, oder sie wird ihr durch die Bewegung des Wassers zugetragen, sie besteht aus im Wasser aufgelösten tierischen Stoffen.

Austern isst man normalerweise auf ganz einfache Art; sie öffnet sich, man löst sie heraus, träufelt etwas Zitronensaft darauf und schluckt sie herunter.

Ganz raffinierte Feinschmecker machen sich eine Art Soße aus Essig, Pfeffer und Schalotten. Man löst das Fleisch heraus, tunkt es in diese Soße und isst es. Andere wiederum, wahre Kenner, geben nur etwas Öl darauf und essen sie ohne Essig, ohne Zitrone, ohne Pfeffer.

Ziehen Sie Ihre Austern zum Abtropfen in ein Sieb, reiben Sie eine Platte mit frischer Butter ein. Die Austern dann darauf anrichten, mit grobem Pfeffer und gehackter Petersilie bestreuen und ein Glas Weißwein darüber gießen. Nun wird geriebener Parmesan darüber gestreut und die Platte in den Backofen geschoben. Wenn der Käse gut verlaufen ist und die Austern eine schöne Farbe bekommen haben, nimmt man die Platte aus dem Ofen, wischt den Rand sauber, schöpft das überflüssige Fett ab und serviert sie warm.

Bier

Bier ist eines der ältesten und weitestverbreiteten Getränke, die Ägypter, so heißt es, haben es erfunden.

Bier ist nach Wein sicher die beste vergorene Flüssigkeit, es ist weiter verbreitet als dieser und wird überall auf der Welt hergestellt.

Es wird aus gekeimter und getrockneter Gerste, Hopfen, ohne den die Flüssigkeit sofort verderben würde, und Wasser zubereitet; in einigen Ländern nimmt man Weizen oder Roggen, Mais oder Hirse, aber am meisten schätzt man das Bier aus Gerste, die man keimen lassen muss, um eine zuckerhaltige Grundsubstanz zu erhalten, dann muss man sie rösten, um den leicht bitteren Geschmack und die bräunliche Färbung zu erhalten.

Je länger man das Bier kochen lässt, umso besser hält es sich. Hopfen als wichtiger Bestandteil macht es durch seine bittere Note geschmackvoller, und er verhindert, dass es sauer wird.

In Paris trinkt man zur Zeit am liebsten die Biere aus dem Norden, aus Lyon, aus Straßburg und seit der Weltausstellung das berühmte Dreherbräu aus Wien.

Wir nennen hier noch das Porter aus London, das Ale aus Edinburgh, das rotblonde Bier aus Amsterdam und Rotterdam, das braune Bier aus Köln, das Faro aus Brüssel, das Bier aus Löwen, das aus Morlaix usw.

Bier muss sehr sorgfältig abgefüllt werden; die Flaschen müssen sehr gut gespült werden, man darf nur neue Pfropfen verwenden, nach drei Tagen muss man die Flaschen flach lagern, und zwar sieben oder acht Tage lang, denn so hält sich das Bier länger.

In ganz Nordeuropa macht man aus Bier eine sehr nahrhafte Suppe, die weitaus gesünder ist als alle sonst bei den Bauern üblichen Nahrungsmittel. Und jeder weiß, dass das russische Nationalgericht jene Biersuppe ist, die Carême, als er Küchenchef beim Zaren Alexander war, dem Zaren während seiner Pariser Zeit zu jeder Mahlzeit servierte.

Das Bier ist mehr oder weniger gut für die Gesundheit, je nachdem, welches Getreide man verwendet hat und wie stark es vergoren wurde.

Im Allgemeinen ist es nahrhaft und erfrischend, aber manchmal verursacht es Atemnot, Verdauungs- und Nierenbeschwerden. Das hängt aber von der Veranlagung eines jeden ab, und viele Menschen, die gern und häufig Bier trinken, fühlen sich dabei sehr wohl. Schließen wir diesen Eintrag mit einer kleinen Anekdote, die uns ein erbitterter Biergegner erzählt hat:

Ein zum Tode Verurteilter verspürte auf dem Schafott einen so schrecklichen Durst, dass er um etwas zu trinken bat. Man brachte ihm ein Glas Bier, das er aber von sich stieß mit den Worten: »Nein, kein Bier, davon kriegt man Blasengries!«

Das als kleiner Hinweis für zum Tode Verurteilte.

Bohnen

Bohnen werden auf dreierlei Weise, das heißt in drei Wachstumsstufen, gegessen. Bevor sie reif sind, isst man sie mit den Hülsen, sie heißen dann grüne Bohnen. Kurz bevor sie reif sind, isst man die noch zarten Samenkörner, die Krüllbohnen *(flageolets)*. Und schließlich sind die getrockneten Bohnen sehr beliebt, und man nennt sie, woher sie auch immer kommen mögen, unverschämterweise Bohnen aus Soissons. Da ich aus dem Departement Aisne stamme, habe ich die Pflicht, meine Landsleute zu loben. Und in der Tat habe ich bis zu meiner letzten Asienreise immer behauptet, die Bohnen aus Soissons seien die besten der Welt; doch nun muss ich leider zugeben, dass die Bohnen aus Trapezunt besser sind.

Aber ob sie nun aus Trapezunt oder aus Soissons kommen, man hat doch mit allen Bohnen ein Problem: es gibt Wassersorten, in denen sie sich nicht kochen lassen wollen. Geben Sie ein Säckchen mit frischer Holzkohlenasche in Ihr Bohnenwasser oder besser noch: etwas kohlensaures Natron; die widerspenstigste Bohne wird sich ergeben.

Bohnen à la bonne fermière

Man nimmt ganz zarte Bohnen, bricht sie in kleine Stücke, putzt sie und kocht sie in Wasser. Wenn sie fertig sind, gibt man ein Stück Butter, Petersilie und eine fein gehackte Zwiebel in eine Kasserolle, wenn die Butter geschmolzen ist, gibt man die Bohnen dazu. Nachdem man sie zwei oder drei Mal über der Flamme geschwenkt hat, gibt man eine Messerspitze Mehl, gute Bouillon und Salz hinzu. Dann lässt man sie so lange kochen, bis sie fast alle Flüssigkeit aufgenommen haben. Kurz vor dem Servieren zieht man zum Binden noch drei mit Milch geschlagene Eigelb darunter. Dann serviert man sie als Zwischengang oder Beilage.

Weiße Bohnen mit Speck à la villageoise

Es sollte bekannt sein, dass die Herren Descars de Livry, de Cossy, d'Aigrefeuille, de La Reynière und andere Herren mit Erfahrung diese Kombination immer als die beste Art, Bohnen zu essen, gepriesen haben.

Zunächst einmal müssen Sie einen guten Magen haben, den Sie außerdem mit einem prächtigen Appetit versehen. Wenn man nicht krank ist, fehlt es einem daran nur wegen mangelnder Nahrung oder mangelnder Übung: Stehen Sie früh auf und machen Sie sich bei schönem Wetter nüchtern auf den Weg, machen Sie einen Ausritt oder einen Fußmarsch. Doch man sollte meinen, dass Sie gut in Form sind, da Sie ja Kochbücher lesen. Nehmen Sie also zwei Metze Bohnen und ein Kilo guten Speck. Schneiden Sie den Speck in Scheiben, und zwar so, dass alle Scheiben gleichermaßen durchwachsen sind. Nehmen Sie nur so viel Wasser, dass Sie beim Kochen nichts mehr hinzufügen müssen. Das gesamte Wasser und das ausgetretene Fett müssen ganz von diesen mehlhaltigen Hülsenfrüchten aufgesogen werden, sodass sie völlig durchgegart und gebunden sind, ohne dass noch Brühe übriggeblieben ist. Das ist alles. »A buon corriere forte minestra« (Einem guten Boten gebührt ein kräftiger Eintopf), sagte Jean de Milan.

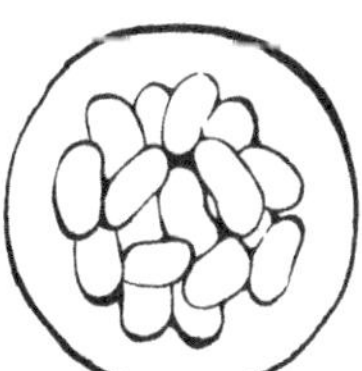

Brot

In den meisten zivilisierten Ländern besteht die Nahrung des Menschen zu einem großen Teil aus Brot, das man, je nach Ländersitte, aus Weizen, Roggen, Mais oder anderen Getreiden herstellt.

Um Brot essen zu können, sagt man, müsse es einen Tag lang liegen, das Mehl für den Teig müsse einen Monat lagern, die Körner ein Jahr, um sie mahlen zu können; aber generell ist Brot für jeden dann gut, wenn es frisch und völlig abgekühlt ist.

Die Franzosen sind, wie jeder weiß, das Volk, das am meisten Brot isst, und sicher deswegen gibt es in Frankreich weniger Krankheiten. Das komme daher, dass wir zu jeder Mahlzeit viel Brot zu uns nehmen, behaupten viele Ärzte. Bei den Engländern und den Deutschen ist das nicht so, dort ernährt man sich im Wesentlichen von Fleisch und Kartoffeln. Das will nicht heißen, dass diese Essgewohnheiten von vornherein schlecht wären, aber sie sind sehr häufig die Ursache von Krankheiten.

Ein Pariser, der sich einmal in einer deutschen Stadt aufhielt, wurde eines Tages von einem seiner Freunde zum Essen eingeladen.

Um sechs Uhr war er dort. Er sah einen für etwa zwölf Personen prächtig gedeckten Tisch, doch was ihm am meisten auffiel, waren die winzigen Brotstücke, die bei jedem Gedeck lagen.

Als nach einer Viertelstunde noch kein weiterer Gast eingetroffen war und er einen heftigen Hunger verspürte, sagte er sich:

»Mein Gott, ich bin doch bei Freunden und muss hier nicht viel Rücksicht nehmen, ich werde dieses kleine Stückchen Brot essen. So kann ich leichter auf die anderen Gäste warten, die ja bald eintreffen werden.«

Er nahm sich also ein Stück Brot und aß es auf. Eine weitere Viertelstunde verstrich, er dachte sich das gleiche wie zuvor, aß zwei Stück Brot, da sonst nichts anderes zu essen da war.

Und als dann sein Freund und die Gäste immer noch nicht kamen, verspeiste er alles Brot, das sich auf dem Tisch befand, sodass die Gäste, als sie endlich eintrafen, nichts mehr vorfanden. Als der Pariser ihnen berichtete, dass er alles gegessen habe, brachen sie in ein großes Gelächter aus und fragten ihn, wie er denn so viel habe essen können.

Sie jedenfalls konnten gut darauf verzichten, das machte ihnen nichts aus, und die zwölf Stücke Brot, die unser Landsmann verzehrt hatte, hinderten ihn nicht daran, dem Diner seines Freundes alle Ehre zu erweisen.

Erst dann wurde ihm erklärt, warum die anderen so spät gekommen waren: In Deutschland isst man normalerweise um acht zu Abend, während der Pariser, der gewohnt war, um sechs zu dinieren, zu der ihm gewohnten Stunde gekommen war, ohne darüber nachzudenken, ob dies nun die rechte Essenszeit war.

Butter

Butter ist eine fetthaltige, cremige Substanz, die entsteht, wenn man den dick gewordenen Rahm der Milch schlägt. Butter kann aus der Milch vieler Tiere gewonnen werden, die fetteste und reichhaltigste aus Schafsmilch. Die Skythen und die Päonier haben sie nach Griechenland gebracht; Hippokrates spricht allerdings nur von der Butter der Skythen. Horaz und Virgil sprechen von Käse, aber nicht von Butter. Werther hat die Butter zur Poesie erhoben: Als er zusah, wie Lotte Butterbrote für die Kinder machte, ist diese schicksalhafte Liebe entflammt, die mit einem Pistolenschuss endete. Goethe hat recht: Kinder lieben nichts so sehr wie Butterbrote, noch mehr höchstens Marmeladenbrote. In welches Land ich auch reiste, überall hatte ich frische Butter vom gleichen Tag. Ich verrate hier mein Rezept allen Reisenden, es ist ganz einfach und kann nicht misslingen.

Überall wo ich mir Milch beschaffen konnte – von der Kuh, von der Kamel- oder Pferdestute oder vom Schaf, ganz besonders vom Schaf – tat ich dies auch, füllte damit eine Flasche zu drei Vierteln, verkorkte sie, hängte sie an den Hals meines Pferdes und ließ es alles Übrige machen. Abends nach meiner Ankunft brach ich den Flaschenhals ab und hatte ein faustgroßes Stück Butter, das sich ganz von allein gemacht hatte. In Afrika, im Kaukasus, auf Sizilien, in Spanien habe ich damit immer Erfolg gehabt.

Cavaillon-Melonen

Eine Stadt, 25 Kilometer südöstlich von Avignon. Reste eines Triumphbogens. Berühmte Wintermelonen.

Man kann davon ausgehen, dass Cavaillon hier weder wegen seiner Lage an der Durance, noch wegen seiner Nachbarschaft zu Avignon, noch wegen seines Triumphbogens, sondern wegen seiner Melonen, und zwar nicht wegen der Wintermelonen, sondern der berühmten grünen Melonen Erwähnung findet.

Eines Tages erhielt ich einen Brief vom Stadtrat in Cavaillon, der, da man eine Bibliothek mit den besten Büchern einrichten wolle, mich bat, ihm zwei oder drei meiner Romane, die für mich an erster Stelle stünden, zu schicken. Ich habe einen Sohn und eine Tochter, ich glaube, sie beide gleich zu lieben. Ich habe fünf- oder sechshundert Bände geschrieben, ich glaube, für jeden von ihnen die gleiche Sympathie zu hegen.

Ich antwortete also der Stadt Cavaillon, dass man nicht den Autor nach dem Wert seiner Bücher fragen dürfe, dass ich alle meine Bücher gut, die Melonen aus Cavaillon dagegen ausgezeichnet fände, dass ich deswegen also der Stadt Cavaillon eine Gesamtausgabe meiner Bücher schicken werde, nämlich vier- oder fünfhundert Bände, wenn der Stadtrat bereit sei, mir dafür eine jährliche Leibrente von zwölf grünen Melonen zu gewähren.

Der Stadtrat von Cavaillon, so muss ich sagen, antwortete mir umgehend, dass mein Antrag einstimmig angenommen worden sei und dass ich von nun an meine Leibrente, höchst wahrscheinlich meine einzige, bekommen werde.

Ich erfreue mich nun schon seit zwölf Jahren dieser Rente, und ich muss sagen, dass sie noch kein einziges Mal nicht rechtzeitig gekommen ist, nämlich dann, wenn die grünen Melonen, etwas später als die anderen, zu reifen beginnen. Ich weiß nun nicht, ob der Stadtrat von Cavaillon bemüht ist, auszuwählen und mir die Melonen zu schicken, die er für die besten hält, aber ich wiederhole, dass ich noch nie etwas Frischeres, Saftigeres, Geschmackvolleres als die Melonen meiner Rente gegessen habe. Ich habe also nur einen Wunsch, dass nämlich die Menschen in Cavaillon immer so sehr von meinen Büchern bezaubert sein werden wie ich von ihren Melonen. Und ich ergreife zugleich die Gelegenheit, meinen guten Freunden aus Cavaillon meinen tiefsten Dank auszusprechen und ihre Melonen als die besten in ganz Europa anzupreisen.

Coulis

Eine Art Fond, der im Voraus zubereitet wird und in den Küchen vorrätig ist, um einige Ragouts zu vollenden, deren Soße gebunden werden muss.

Zunächst einmal soll Ihr Coulis von schöner zimtartiger Farbe sein, die Konsistenz nicht zu dick, aber auch nicht zu dünn. Geben Sie in eine kleine Kasserolle Speckwürfel und Kalbshaxenscheiben im Verhältnis zu der Menge Coulis, die Sie erhalten wollen. Fügen Sie drei oder vier Karotten hinzu und stellen Sie den Topf bei kleiner Flamme auf den Herd. Wenn der Saft ausgetreten ist, schmoren Sie auf großer Flamme weiter. Sobald alles gut durchgeschmort ist, nehmen Sie Fleisch und Gemüse aus dem Topf und geben Butter und Mehl in die Kasserolle, um eine schöne Mehlschwitze zuzubereiten. Dann mit warmer Bouillon aufgießen, das Fleisch wieder hinzugeben und zwei Stunden köcheln lassen. Zuletzt durch ein Sieb streichen und nach Bedarf verwenden.

Diner

Tägliche Handlung von höchster Wichtigkeit, die auf würdige Weise nur von geistvollen Menschen vollzogen werden kann. Denn es genügt nicht, beim Diner zu essen, man muss dabei auch mit einer diskreten und gelassenen Heiterkeit plaudern.

Die Konversation muss zu den rubinroten Weinen der Zwischengänge funkeln, zum Zuckerwerk beim Nachtisch muss sie auserlesenen Geschmack und zum Kaffee eine wahre Tiefe erreichen.

Dorade

Die Dorade hat ihren Namen vom goldenen (*doré*) Glanz ihrer Schuppen. Sie kommt in allen Meeren vor; regelmäßig wandert sie die Flüsse hinauf. Ihr Fleisch ist weiß, fest und von ausgezeichnetem Geschmack. Am liebsten isst man sie gebraten oder in einer Fischbrühe gekocht, zusammen mit einer weißen Kapernsoße. Man kann sie auch frittiert oder mit Tomatenpüree servieren.

Ei

Organischer Körper, den die weiblichen Vögel legen und der eine befruchtete Zelle enthält.

Der Mensch ernährt sich in erster Linie von Hühnereiern.

»Es ist offensichtlich«, sagt Monsieur Payen, »dass diese Nahrungssubstanz alle Elemente zur Entstehung tierischen Gewebes enthält, denn durch sie allein, ohne jede weitere Nahrungszugabe von außen, kann sich die befruchtete Zelle entwickeln und nach und nach zu einem kleinen Tier aus Muskeln, Sehnen, Knochen, Haut usw. werden.«

Im Ei findet man in der Tat stickstoffhaltige Substanzen, fett- und zuckerhaltige Materie, Schwefel, Phosphor und Mineralien.

Das Eiklar besteht ganz aus Eiweiß.

Eier gehören zu den Lebensmitteln, die man im Winter nur schwer frisch bekommen kann; und jeder weiß, dass es nichts Ekelhafteres gibt als ein nicht mehr ganz frisches Ei. Fast alle Kochbücher empfehlen, sich einen Vorrat an Eiern zwischen den beiden Marienfeiertagen anzulegen, also zwischen dem 15. August und dem 15. September. Man konserviert sie am besten, indem man sie in frische Holzasche legt, zusammen mit einigen Wacholder- und Lorbeerzweigen und anderen aromatischen Hölzern. Es empfiehlt sich, diese Asche außerdem mit sehr trockenem und feinem Sand zu mischen.

Im Übrigen gibt es eine sehr einfache Art festzustellen, ob ein Ei noch gut ist: Legen Sie das Ei in eine ganz mit Wasser gefüllte Tasse.

Wenn es mit einer Seite nach oben kommt und so im Wasser schwimmt, dann ist es zu einem Drittel leer und somit nicht mehr essbar. Wenn es sich aber senkrecht aufstellt, dann ist es frisch.

Wenn das Ei frisch ist, dann möchten wir nicht behaupten, dies sei die einzige Art, es zu verzehren, aber die beste ist es sicherlich: als gekochtes Ei. Es verliert dabei nichts von seinem feinen Geschmack, das Gelb ist köstlich, das Weiß ist wie Milch, und wenn Sie sich noch in maßloser Genusssucht dazu verstiegen haben, es in Bouillon zu kochen, weder zu lange noch zu kurz, dann genießen Sie ein Ei in seiner ganzen Vollkommenheit.

Es gibt Leute, für die ist ein Ei ein Ei, welch ein Irrtum! Zwei Eier, die zur gleichen Zeit gelegt wurden, das eine von einem Huhn, das frei über Gärten und Wiesen läuft, das andere von einem, das Stroh in einem Hühnerhof frisst, können in Geschmack und Gehalt höchst verschieden sein. Ich gehöre zu denjenigen, bei denen das Ei in kaltes Wasser gelegt und dann ganz langsam gekocht werden muss, nur so wird es gleichmäßig gar. Wenn Sie dagegen das Ei in kochendes Wasser geben, platzt es meistens, und es kann vorkommen, dass das Weiß zu hart und das Gelb überhaupt nicht gekocht ist.

Sind die Eier frisch, hat man oft große Schwierigkeiten, sie zu schälen, man muss sie dann mit einem Messer in zwei Hälften schneiden und mit einer Gabel herauslösen. Es kommt oft vor, dass man Ihnen zu hart gekochte Eier serviert, dann können Sie folgendermaßen damit verfahren: Zerdrücken Sie das Ei mit Salz und Pfeffer sowie einem Stück Butter und streuen Sie fein gehackte Frühlingszwiebeln darüber. Wenn Sie keine Zeit haben, neue Eier kochen zu lassen, fahren Sie damit als Ersatz nicht schlecht.

Pochierte Eier

Hier das Rezept aus dem *Cuisinier impérial* (1808) und aus dem *Cuisinier royal* (1839). Es steht Ihnen frei, es auszuprobieren.

Sie brauchen fünfzehn frisch pochierte, auf einer Platte angerichtete Eier und zwölf Enten am Spieß. Kurz bevor die Enten durchgebraten sind, nimmt man sie vom Spieß und löst das Fleisch von den Knochen. Den heißen, aber nicht kochenden Bratensaft gießt man über die fünfzehn pochierten Eier.

Zwölf Enten für fünfzehn Eier!

Was halten Sie davon?

Eier mit Parmesan

Legen Sie so viele Eier wie Sie möchten in eine Kasserolle und bestreuen Sie sie mit Parmesan, etwas Pfeffer und einer Messerspitze Salz. Schlagen Sie die Eier mit einem Schneebesen, und machen Sie daraus fünf kleine Omeletts. Wenn sie fertig sind, gibt man sie auf einen Deckel, reibt Parmesan darüber, rollt sie zusammen und richtet sie auf einer Platte an. Nun gibt man noch etwas Parmesan hinzu, wischt die Platte sauber und stellt sie in den Backofen oder unter einen Deckel. Es dauert eine gute Viertelstunde, bis der Parmesan geschmolzen ist. Aber vor allem muss man das Gericht sehr heiß servieren.

Forelle

Es gibt mehrere Forellenarten unterschiedlicher Größe, solche mit weißem, andere mit rosafarbenem Fleisch.

Die Forelle ist der Fisch, der am meisten dem Lachs ähnelt; die besten Forellen sind die mit rötlichem Fleisch, die man deswegen auch als Lachsforellen bezeichnet. Einige Naturforscher sind der Meinung, diese Ähnlichkeit mit dem Lachs verschaffen sie sich selbst, indem sie Krebse fressen. Die in Paris beliebtesten Forellen sind die aus der Maas und aus der Seine. Sie sind zwar nicht sehr groß, aber ihr Fleisch ist von vollkommenem Geschmack und äußerst delikat, wohingegen die großen Forellen aus dem Genfer See meist trocken und zäh sind. Forellen sind sehr beweglich, kraftvoll und überraschend eigenwillig. Sie schwimmen nicht nur die strömungsreichsten Sturzbäche hinauf, sie springen auch sehr hohe Wasserfälle empor und gelangen so bis zu den Gipfeln des Mont Blanc und des großen Sankt Bernhard. Dieser Beweglichkeit und Kraft verdankt die Forelle sicherlich ihr wohlschmeckendes und gesundes Fleisch.

Forelle à la Saint-Florentin

(Ein Rezept aus dem ehemaligen Hôtel Grimod de La Reynière)

Nehmen Sie nur die schönsten Forellen, die Sie bekommen können, und machen Sie sie küchenfertig. Dann werden die Fische mit Butter bepinselt, die Sie zuvor mit Salz, Pfeffer und Kräutern gewürzt haben. Die Fische kommen in einen Fischkochtopf mit so viel Weißwein, dass sie einen guten Finger hoch damit bedeckt sind. Gewürzt wird mit Salz, Pfeffer, Zwiebeln, Gewürznelken, Muskatnuss und einem Kräutersträußchen, außerdem gibt man Brotrinden hinzu. Auf starker Flamme kochen, dass sich der Wein wie bei einem Punsch entzündet. Wenn die Flammen kleiner werden, fügt man Butter hinzu. Die Soße gut umrühren, bevor Sie die Fische darin servieren.

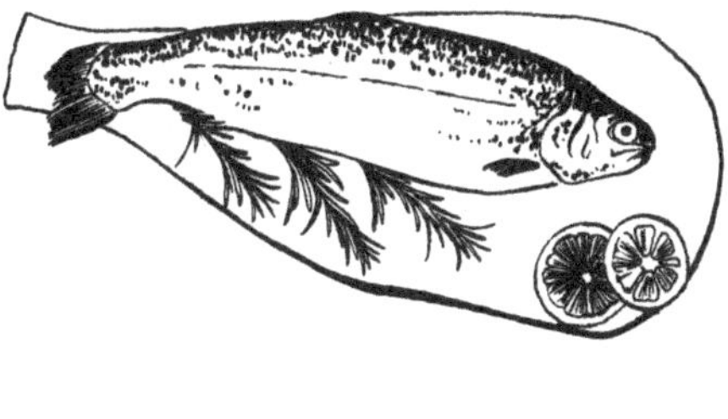

Gans

Gänse galten im alten Rom lange als heilig, wegen dieser einen Gans, die, als die Hunde schliefen, wach geblieben war – die Geschichte verrät uns nicht warum – und den Lärm der Gallier hörte, als sie das Kapitol stürmten. Sie weckte ihre Freundinnen, die in heller Aufregung anfingen, so laut und schön zu schreien, dass sie damit den Manlius weckten. La Fosse, der über das gerettete Kapitol eine Tragödie geschrieben hat, erwähnt die Gänse in den zweitausend Alexandrinern dieses Stückes mit keinem Wort.

Wer nicht den großen Talma gehört hat, wie er die beiden Verse »Ich war es, der zu des Volkes Wohl die Gallier verjagte vom Kapitol« deklamierte, der hat keine Vorstellung davon, in welchem Ausmaß die Stimme eines Tragöden donnern kann.

Aber nachdem man unter Julius Cäsar die Gallier besiegt hatte, begann man in der römischen Armee, Gänse zu essen, dem Beispiel der Gallier folgend, die keinerlei Anlass hatten, die Bundesgenossen des Manlius, die ihre Niederlage herbeigeführt hatten, zu schonen.

Bald schon verbreitete sich das Gerücht, die Gänse

aus der Picardie seien ausgezeichnet, und von da an sah man den Picarden, der schon als Händler geboren wird, mit seinen Gänseherden, die unterwegs alles ratzekahl fraßen, zu Fuß nach Rom wandern.

Für die alten Ägypter war die Gans eines der delikatesten Gerichte. Rhadamanthys, der König von Lyzien, schätzte sie so sehr, dass er befahl, überall im Land nicht mehr auf die Götter, sondern auf die Gänse zu schwören. So wurde auch in England geschworen, als Julius Cäsar die Insel eroberte.

Nach Plinius war es der römische Konsul Metellus Scipio, der die Kunst erfunden hat, Gänse zu mästen, um die delikate Stopfleber zu erhalten.

Der berühmte Arzt und Gelehrte Julius Cäsar Scaliger verehrte die Gänse mit ganz besonderer Zärtlichkeit: Er bewunderte sie nicht nur auf physischer, sondern auch auf geistiger Ebene. Wir können nichts Besseres tun, als seine Worte hier wiederzugeben:

»Die Gans ist das schönste Sinnbild der Vorsicht; die Gänse senken ihren Kopf, wenn sie unter einer Brücke hindurchgehen, die Brückenbögen mögen noch so hoch sein. Sie sind so vernünftig und sittsam, dass sie sich selber ohne Arzt ein Abführmittel suchen, wenn sie krank sind. Sie sind so umsichtig, dass jede von ihnen, wenn sie über den Berg Taurus wandern, wo es viele Adler gibt, einen Stein im Schnabel trägt, um so zu verhindern, dass sie Lärm machen, der sie ihren Feinden verraten könnte.«

Gänsen kann man einiges beibringen. Der Chemiker Mémery hat eine Gans gesehen, die einen Bratspieß mit einem Truthahn daran über dem Feuer drehte. Sie hielt den Spieß mit dem Schnabel, und mit dem Hals, den sie vor- und zurückstreckte, arbeitete sie wie mit einem Arm. Man musste ihr nur von Zeit zu Zeit etwas zu trinken geben.

Martinsgans

Man entbeint eine schöne fette, gebratene Gans aus der Normandie und füllt sie mit einem Püree aus in Bratenfett gegarten Zwiebeln, der fein gehackten Leber des Tieres, zwölf *Chipolatas* und vierzig oder fünfzig gegrillten oder gerösteten Kastanien, die man zuvor gut schälen und mit Salz und Koriander würzen muss. Man serviert sie auf einer langen, breiten gerösteten Brotscheibe, die gut mit Bratensaft getränkt und mit grobem Pfeffer und Zitronensaft gewürzt wurde.

Garenne – Von Kaninchen & Schäfchen

Als Garenne bezeichnet man in Frankreich einen kleinen niedrigen Wald, der mitten in einer Ebene liegt oder auf der Flanke eines Berges, dort leben Kaninchen und zeitweise auch Rebhühner.

Die Kaninchen der Garenne sind im Allgemeinen die besten, vor allem, wenn der kleine Wald nach Osten oder Süden liegt, denn das Kaninchen, das sich gern in der Sonne wärmt, vermeidet es, an Nordhängen seinen Bau zu graben. Wenn der Wald einem passionierten Jäger gehört, dann muss er dort wilde Pflaumen pflanzen, Erdbeeren, Brombeeren, Ginster, Johannisbeeren, Rosmarin und vor allem Wacholder, denn Rebhühner und Drosseln sind ganz wild nach den Beeren dieser Büsche. Für das Kaninchen braucht er sich weder um Wasser noch um Unterkunft zu kümmern, denn es baut sich sein Haus selbst und verabscheut Wasser. Man bevölkert eine Garenne mit Kaninchen, indem man ein Dutzend trächtige Weibchen aussetzt, und schon nach dem ersten Jahr sind es fünfhundert, nach dem zweiten vier- oder fünftausend.

In diesem Zusammenhang erinnere ich mich immer

gerne an eine vorbildhafte Garenne, wo ich meine ersten Jagderfahrungen sammelte, mit einem der besten Männer und Jäger, die ich jemals kennengelernt habe.

Es war der Abbé Fortier, er war Vikar und Lehrer in dem Dörfchen Béthisy-Saint-Pierre bei Compiègne. Ich nannte ihn Onkel, ich weiß nicht warum. Sonntags oder eher samstags sagte er oft zu mir:

»Steh morgen früh auf, wir werden bei Monsieur de Cambronne frühstücken.«

Ich wusste, was das bedeutete, und um sieben Uhr stand ich bereit, um den Abbé Fortier zu begleiten; um acht Uhr waren wir da.

Der Abbé zog dann seine Soutane aus, stellte das Gewehr in die Sakristei, wo er auch Finot, seinen Hund, einsperrte, und las im Château de la Croix für seine in der ganzen Gegend bekannten Besitzer die Messe.

Ich hatte dabei die Ehre, ihm als Messdiener zur Hand zu gehen.

Nun, die Kirche lag am Fuße jenes Hügels, wo sich die Garenne erstreckte, die wir mit Fug und Recht als unsere Speisekammer bezeichnen konnten, denn der Abbé kam von dort immer mit einer gefüllten Jagdtasche zurück.

Als er eines Morgens gerade die Messe las, hielt er mit einem Mal inne, da vom Wald her wütendes Hundegebell zu hören war.

»Ist das nicht Finot, den ich da bellen höre?«, fragte er.

»So ist es, Onkel.«

»Ja, wie ist er denn aus der Sakristei entwischt?«

»Jemand ist wohl reingegangen und hat die Türe offengelassen.«

»Dummköpfe!«, rief er. »Und jetzt jagt er ein Kaninchen.«

»Ja, Onkel.«

»Nun, wenn ich ihm einen Rat geben darf, dann soll er das Maul halten, und zwar so schnell wie möglich, andernfalls kriegt er eins ... übergebrannt.«

Mein Onkel benutzte ein ausdrucksstärkeres Wort, das ihm wegen seiner guten Verbindung zu den himmlischen Mächten sicher verziehen wurde. Aber man musste den Abbé erst einmal am Tag der Jagderöffnung hören. Schon am Vortag, bei der stillen Messe, hielt er seinen Pfarrkindern die folgende Predigt:

»Meine lieben Freunde, ihr wisst, dass meine einzige Freude unter euch Dummköpfen die Jagd ist. Wenn ich euch also morgen zu gewohnter Stunde zwei Messen lese, die erste um acht und die zweite um zehn, und wenn ich dann um elf auf die Jagd gehen würde, gäbe es in der ganzen Gegend nichts mehr zu schießen, da ihr doch alle Wilderer und Tagediebe seid. Ich werde also die erste Messe schon um sechs Uhr halten und lade euch dazu ein; ich werde mir die merken, die nicht dabei sind, und sie werden es mit mir zu tun kriegen! Also, dann bis morgen früh um sechs.«

Um halb sechs ließ der Abbé dann zur Messe läuten, und als seine Schäfchen um sechs kamen, war die Messe schon zur Hälfte vorbei, und um viertel nach sechs war er damit fertig.

Die Gemeinde wollte gerade aufbrechen ...

»Immer mit der Ruhe«, sagte der Abbé, »ich sah euch kommen, vielmehr, ich sah euch gerade gehen, doch da ich euch schon mal hier habe, ist es nicht nötig, euch um zehn nochmal kommen zu lassen, ich werde das Hochamt also gleich jetzt halten.«

Und der Abbé hielt das Hochamt in einer Dreiviertelstunde.

Danach wollten alle gehen.

»Halt«, sagte der Abbé, »ihr glaubt doch wohl nicht, dass ich mit der Jagd, wenn es am meisten Spaß macht, aufhören werde, also um zwei Uhr! So dumm bin ich nicht! Wir werden es mit der Vesper also so halten wie mit der stillen Messe und mit dem Hochamt, das ist nur eine Sache von fünfzehn Minuten, nur keine Aufregung!«

Armer Abbé, Gott sei seiner Seele gnädig, noch nie war eine Kreatur ein besserer Mensch und ein schlechterer Priester.

Er starb mit neunzig Jahren, und keiner im Dorf hat seine letzte Predigt vergessen.

»Ich verlasse euch, meine Kinder. Als Dummköpfe hat euch der liebe Gott mir gegeben, und als Dummköpfe gebe ich euch ihm wieder zurück. Er kann mir keine Vorwürfe machen.«

Das waren seine letzten Worte an seine Schäfchen.

Hahn

Der Hahn ist gewiss der stolzeste, wachsamste und kühnste Vogel, den es gibt.

Um seinen Hochmut zu erkennen, muss man nur zuschauen, wie er mitten in seinem Hühnerharem einherstolziert, und schon weiß man, dass er auf diesem Gebiet dem Pfau gleichkommt. Zu seiner Wachsamkeit ist zu sagen, dass er nie länger als zwei Stunden an einem Stück schläft. Ab ein Uhr morgens reißt er mit seinem schrillen Schrei den Mensch aus dem Schlaf und treibt ihn zur Arbeit. Zum Thema Kühnheit berichtet Levaillant in seinen Memoiren, dass sein Hahn das einzige von all seinen Tieren war, das beim Herannahen und Gebrüll des Löwen keine Angst bekam.

Zu allen Zeiten brachte man den Hahn mit der Magie in Verbindung, und die Basler Stadträte verurteilten einmal einen Hahn zum Tod auf dem Scheiterhaufen, weil er ein Ei gelegt hatte.

Unter Napoleon erwog man eine Zeitlang, den gallischen Hahn als Emblem und Wappentier auf der französischen Fahne abzubilden. Doch als man dem Kaiser diesen Plan unterbreitete, lehnte er ab und sagte:

»Das will ich nicht, denn er wird vom Fuchs gefressen.«

Und er wählte den Adler.

In der Küche macht man aus dem Hahn nur ein Consommé, bekannt unter dem Namen *gelée de coq*, dem die Apotheker von früher großartige Eigenschaften nachsagten.

Doch der noch nicht geschlechtsreife Hahn, der Junggeselle unserer Hühnerhöfe, verdankt seiner Keuschheit und seiner Tugendhaftigkeit einen Geschmack, der ihn ganz und gar von dem Kapaun, der ja bekanntlich nicht der Vater, sondern der Onkel unserer Hühner ist, unterscheidet. Er wird am Spieß gebraten, wobei man ihn nur mit Speckscheiben umwickelt, denn ihn zu spicken wäre eine Beleidigung, und eine Entehrung wäre es, wenn man ihn als Ragout verarbeiten würde. Wir haben auch den Auerhahn, ein hervorragendes Wildbret, das hauptsächlich aus den Ardennen, den Vogesen und den Bergen der Auvergne kommt; er wird wie der junge Hahn gebraten oder auch gespickt.

Insgesamt ist der Hahn ein sehr schönes Tier, er ist galant, furchtlos, er hat eine schön klingende Stimme und repräsentiert wunderbar den französischen Geist. Aber in der Küche schätzt man ihn nicht, da nimmt man lieber seine Nachkommenschaft.

Huhn, Hühnchen, Poularde

Es waren die Einwohner der Insel Kos, die den Römern beibrachten, Geflügel in abgeschlossenen, dunklen Räumen zu mästen. In Rom gab es so viel gemästetes Federvieh, dass der Konsul Caius Fannius gezwungen war, ein Gesetz zu erlassen, nach dem es verboten war, Hühner auf den Straßen zu halten.

Das Huhn kommt ursprünglich aus Indien, von dort hat es sich auf dem ganzen Erdball verbreitet. Es gibt bei den Hühnern bemerkenswerte Unterschiede: In der Türkei ist sein Federkleid fast so prächtig wie beim Fasan; in Persien gibt es eine Rasse, die keinen Schwanz hat; in Indien haben die Hühner schwarzes Fleisch und schwarze Knochen, trotzdem schmecken sie sehr gut. Gegen die aufwendige Hühnerhaltung gab es Gesetze (unter ihnen auch das des Konsul Fannius), die besagten, dass bei Tisch nur ein einfaches Huhn vom Hühnerhof serviert werden durfte.

In Frankreich gibt es keine Gesetze zur Hühnerhaltung, also zu dem Verfahren, sie so zu mästen, dass sie zugleich den vorzüglichsten Geschmack erhalten und ausreichend bestes Fett ansetzen. In drei Wochen oder einem Monat werden aus unseren Hühnern Poularden.

Man füttere sie während einiger Tage mit gemahlener Gerste, Kleie und Milch, halte sie im Käfig an einer dunklen Stelle, die aber nicht feucht sein darf, und schließlich muss man ihnen immer mit Milch angerührtes Gerstenmehl hinstellen.

Der Kapaun wird genauso gefüttert. Die Römer kastrierten die kleinen Hähnchen im Alter von drei Monaten, und sie mästeten diese Kapaune an einem dunklen Ort mit einem Teig aus Mehl und Milch. Um fette Poularden zu erhalten, sterilisierten sie auch die Hühner, indem sie ihnen die Eierstöcke entnahmen.

Kenner empfehlen nicht Gerste, sondern Buchweizenmehl zur Geflügelmästung.

Als Brillat-Savarin einmal krank war, verschrieb ihm der Arzt eine Diät. Ein Freund kam zu Besuch und sah, wie er eine Poularde aus Mans zerlegte.

»Ist das denn eine Krankendiät?«, fragte der Besucher voller Entrüstung.

»Mein Freund«, antwortete ihm der Verfasser der *Physiologie des Geschmacks,* »ich lebe von Gerste und Buchweizenmehl.«

»Aber diese Poularde?«

»Sie hat zwei Monate davon gelebt, und sie wird mich davon leben lassen. Und was für ein Geschenk«, fügte der berühmte Meister der Kochkunst mit pindarischer Begeisterung hinzu, »haben uns die Mauren mit dem Buchweizen hinterlassen! Dadurch werden sie so verführerisch, so fein und außergewöhnlich gut.«

Wenn ich über Land fahre und zu einem Buchweizenfeld komme, muss ich einfach diese wohltätige Pflanze bewundern, die in der Blütezeit die ganze Luft mit ihrem Duft erfüllt. Dieser Geruch bringt mich in eine Art Ekstase, und ich glaube schon den Duft einer Poularde zu schnuppern, die eines Tages damit gefüttert wird.

Es gibt vier Sorten von Hühnern:

1. Das normale Huhn, das man im Allgemeinen für Frikassee oder für ganz verschiedene Füllungen verwendet.
2. Das kleine Maishuhn, dessen Fleisch man roh einlegt und zu verschiedenen Vorspeisen verwendet, für die man kein allzu großes Huhn benötigt.
3. Das Königinnenhuhn, das auch sehr wohlschmeckend ist und ebenfalls zu Vorspeisen und zum Braten verwendet wird.
4. Das große, fette Huhn, das meistens am Spieß gebraten wird und zu allem verwendet werden kann.

Ende April sieht man die ersten jungen Hühnchen. Man erkennt sie leicht an ihrer weißen Haut. Gemeinhin sind sie voller kleiner Röhrchen, als wären sie schlecht gerupft worden. Ihre Krallen stehen enger zusammen als bei alten Hühnern, sie sind zarter und von bläulicher, schieferartiger Farbe. Alte Hühner oder Hähne kann man nur für Brühen oder Consommés verwenden; nach den Hühnchen kommen die Poularden und die Kapaune.

Hühnchen auf provenzalische Art

Nehmen Sie zwei Hühner und zerlegen Sie sie wie für ein Frikassee. Außerdem brauchen Sie ein Dutzend in halbe Ringe geschnittene weiße Zwiebeln und etwas Petersilie. In eine Kasserolle oder einen Bratentopf gibt man eine Schicht Zwiebeln und darauf eine Schicht Hühnerfleisch. Alles wird mit einer weiteren Schicht aus Zwiebeln und Petersilie bedeckt. Ein Glas Öl darüber gießen und ein oder zwei Lorbeerblätter sowie ausreichend Salz hinzufügen. Aufs Feuer stellen, anbraten und dann sanft köcheln lassen. Wenn alles fertig ist, glacieren, anrichten, mit den Zwiebeln in der Mitte, und etwas spanische Soße darüber gießen. Dann servieren.

Ein Hummer kommt selten allein

In diesem Eintrag behandeln wir auch die Scholle in normannischer Soße, das Hühnchen am Faden und einiges andere.

»O Meer, du einzige Liebe, der ich treu geblieben.«

Dieser Vers von Byron könnte mein Wahlspruch sein, denn ich liebe das Meer als etwas, das wir zum Vergnügen und Lebensglück brauchen.

Wenn ich eine Zeitlang das Meer nicht gesehen habe, quält mich eine unwiderstehliche Begierde, und unter irgendeinem Vorwand steige ich in den Zug und gelange so nach Trouville, Dieppe oder Le Havre, und an jenem Tag, von dem ich hier erzählen möchte, kam ich nach Fécamp.

Kaum war ich da, schlug man mir für den folgenden Tag eine Ausfahrt in einem Fischerboot vor.

Ich kenne derlei Unternehmungen, bei denen man nichts fängt; man kauft den Fisch, den man an einem solchen Tag zum Abendessen braucht. Dieses Mal aber, ganz anders als sonst, fingen wir zwei Makrelen und einen achtarmigen Tintenfisch, dagegen kauften wir einen Hummer, eine Scholle und etwa hundert Garnelen.

Von einer Muschelverkäuferin, die wir unterwegs trafen, bekamen wir noch hundert Miesmuscheln.

Wir hatten lange gestritten, zu wem wir dann gehen sollten, wo dann also auch das Abendessen stattfinden sollte.

Schließlich war die Wahl auf einen reichen Weinhändler aus Fécamp gefallen, der uns seinen ganzen Weinkeller zur Verfügung stellte.

Unterwegs beruhigte er uns, dass seine Köchin schon einen Pot-au-feu vorbereitet habe und dass wir bei ihm alle Zutaten für zwei oder drei Gerichte finden würden, die seine Köchin für das Abendessen besorgt habe.

Aber wie sehr er auch die Meisterschaft seiner Köchin anpries, sie wurde doch abgesetzt, und ich wurde an ihrer Stelle auserwählt. Sie durfte den Titel einer Vize-Köchin behalten, aber nur unter der Bedingung, dem Küchenchef nicht zu widersprechen.

Jetzt dürfen die Damen des Hauses diese wunderbar eingerichtete Küche betreten und sollten nichts von dem, was geschehen wird, außer Acht lassen, wenn sie ihrem Speisenplan zwei oder drei unbekannte Gerichte hinzufügen wollen. Wie angekündigt, köchelte schon seit zehn Uhr morgens ein Pot-au-feu auf dem Herd, also schon seit etwa acht Stunden.

Nach acht Stunden Kochzeit ist ein Pot-au-feu am besten (vgl. Rezept S.136ff.).

Wie ich schon gesagt habe, ist Frankreich das einzige Land, wo man einen Pot-au-feu zuzubereiten versteht, und höchstwahrscheinlich isst meine Hausmeisterin, die nur ihren Pot-au-feu zu betreuen und die Haustiere zu bewachen hat, einen besseren Eintopf als Monsieur de Rothschild.

Um nun zu unserer Köchin zurückzukommen, so hatte sie also ihren Pot-au-feu auf dem Herd, zwei gerupfte Hühnchen, die auf den Spieß warteten, Rindernierchen, die noch nicht wussten, in welcher Soße sie zubereitet werden sollten, einen Bund kurz vor dem Schießen geernteten Spargel und in einem Korb noch Tomaten und Zwiebeln.

Ich ließ alles auf dem Küchentisch ausbreiten, bat um Feder und Tinte und unterbreitete meinen Gästen das folgende

MENÜ

Vorspeise

Tomatensuppe mit Garnelenschwänzen,
Hummer à l'américaine,
Scholle in normannischer Soße,
Makrelen à la Maître d'hôtel,
Nierchen in Champagner geschmort

Braten
Zwei Hühnchen am Faden,
frittierter Tintenfisch

Beilagen
Tomaten auf provenzalische Art,
Rühreier im Nierchensaft,
Spargelspitzen, Salatherzen à l'espagnole
(ohne Essig und Öl)

Nachtisch und Obst

Weine
Château-d'Yquem, Corton, Pommard,
Château-Latour

Zum Kaffee
Bénédictine, Cognac Fine Champagne

Wie ich schon sagte, präsentierte ich dieses Menü, das von allen mit einem begeisterten Hurra begrüßt wurde; man wollte nur wissen, wie viel Zeit ich dafür benötigen würde.

Ich bat um eineinhalb Stunden, die mir mit Verwunderung gewährt wurden. Man war von drei Stunden ausgegangen.

Die große Kunst des Kochs, der rechtzeitig servieren

will, besteht darin, alles vorzubereiten und alle Geräte und Zutaten griffbereit zu haben.

Dafür braucht man eine Viertelstunde.

Und da es unmöglich ist, mit der Feder eine Suppe, vier Vorspeisen, zwei Bratengänge, drei Beilagen und einen Salat zuzubereiten, erlaube man mir nun, mein Menü Gericht für Gericht zu erläutern.

Tomatensuppe mit Garnelenschwänzen

Setzen Sie zugleich zwei Herde in Gang. Auf dem einen bringen Sie Salzwasser mit einem Kräutersträußchen und zwei Zitronenscheiben zum Kochen, in das Sie dann die Garnelen hineinwerfen.

Auf den anderen Herd stellt man zwölf ausgepresste Tomaten zusammen mit zwei dicken, in Scheiben geschnittenen weißen Zwiebeln, einem Stück Butter, einer Knoblauchzehe und einem Kräutersträußchen.

Die gekochten Garnelen werden geschält und die Schwänze in einem Teller beiseite gestellt; das Wasser aufheben.

Die gekochten Tomaten und Zwiebeln werden durch ein feines Sieb gestrichen und wieder auf den Herd gestellt, zusammen mit einem Stück dick eingekochter Fleischbrühe und einer Messerspitze rotem Pfeifer; zu einem Püree einkochen lassen.

Dann gießt man mehrmals nach und nach ein halbes Glas von dem Garnelenwasser hinzu. Beim dritten oder vierten Glas die Garnelenschwänze unterrühren, und schon ist Ihre Suppe fertig.

Dazu muss nicht eigens gesagt werden, dass ich hier zwar jedes Rezept einzeln erläutere, dass aber alles gleichzeitig passieren muss.

Hummer à l'américaine

Es gibt verschiedene Arten, einen Hummer à l'américaine zuzubereiten, wir wählen hier das Rezept von Vuillemot.

Von all unseren Lesern, vor allem von unseren Leserinnen, verlangen wir nun äußerste Aufmerksamkeit, denn das Rezept ist sehr schwierig.

1. In einer Kasserolle werden zwei dicke, in Viertel geschnittene Zwiebeln, ein Kräutersträußchen und zwei Knoblauchzehen bereitgestellt. Alles mit einer Flasche gutem Weißwein, einem halben Gläschen einfachen Cognac und einem Schöpflöffel guter Brühe aufgießen, salzen, eine Nelke und einige Körner guten spanischen Piment hinzugeben. Den Hummer darin kochen, eine halbe Stunde ist ausreichend. Gemach, das Schwierigste kommt noch!

2. Den Hummer in der Brühe erkalten lassen, wenn man es nicht eilig hat. Je mehr Zeit man sich nimmt, umso besser wird es. Das Fleisch herauslösen und in Scheiben schneiden, ebenso das Fleisch aus den Scheren. Das Fleisch in eine Soßenschüssel legen und etwas von der Brühe, in der der Hummer gekocht wurde, darüber gießen. Mit einem Stück gebutterten Papier bedecken und bis zum Servieren warm stellen.
3. Acht schöne Tomaten halbieren und entkernen. Eine Kasserolle buttern, die Tomaten darin anrichten, salzen, eine Nelke, etwas Piment und frische Butter hinzugeben, in den Backofen stellen und nach dem Kochen darin warm halten.
4. Zwei große Zwiebeln würfeln und in einem Küchentuch ausdrücken; in einer Kasserolle mit etwas Butter anschwitzen lassen, einen Esslöffel Mehl darüber stäuben. Dann die Hälfte der Hummerbrühe dazugießen und am Rand des Herdes zur Hälfte einkochen lassen, dabei zwei gute Esslöffel Tomatenpüree unterrühren. Mit etwas Fleischbrühe noch einmal um ein Drittel einkochen lassen, etwas Zitronensaft und ein Stück Butter hinzugeben und ruhen lassen.
5. Die Fleischreste werden nun mit den Hummereiern, sofern welche da sind, in einem Mörser sehr fein gestoßen und dann durch ein Sieb gestrichen, da-

bei ein Pimentkorn hinzugeben. Auf einer Gemüseschale die Hummerscheiben kranzförmig anrichten, die Tomaten darauf garnieren und in die Mitte die Hummerbutter geben; mit etwas Fleischjus glacieren und servieren.

Dieses etwas schwierige Gericht sollte von Neulingen nicht angegangen werden; es braucht dazu Köche oder Köchinnen mit einer gewissen Erfahrung.

Nun kommen wir zur Scholle.

Wir nehmen hierzu die Goldbutte oder gemeine Scholle, die von der Qualität des Fleisches in etwa zwischen der Seezunge und der Kliesche liegt, die aber weder den vorzüglichen Geschmack der ersteren noch die Berühmtheit der zweiteren erreicht.

Scholle in normannischer Soße

Legen Sie Ihre Scholle auf eine gebutterte Silberplatte. Salzen, pfeffern und mit einem Glas Weißwein übergießen. Dann die Platte in den Backofen schieben. In einer Kasserolle ein Stück Butter anschwitzen und eine Prise Mehl darüber stäuben. Den Wein von der Scholle unterrühren, wobei Sie dem Fisch noch gerade so viel Wein lassen, dass er nicht austrocknen kann; die Soße dann zur Hälfte einkochen lassen.

Etwa dreißig Muscheln mit zehn oder zwölf Champignons kochen, aus der Kasserolle nehmen und das Wasser dann in die Soße einrühren. Zur Hälfte einkochen lassen, mit vier Eigelb und einem halben Glas Crème fraîche binden. Dann garnieren Sie den Fisch mit den Muscheln und den Champignons und gießen die Soße darüber; abschließend einige Butterstückchen darauf verteilen, für zwei Minuten noch einmal in den Backofen stellen und servieren.

Zu den Makrelen à la Maître d'hôtel und den Nierchen in Burgunderwein brauche ich niemandem etwas zu sagen. Das gehört zum kleinen Einmaleins der Küche.

Machen Sie nur die Soße zu den Nierchen nicht ganz so sämig und rühren Sie ein halbes Glas Wein kurz vor dem Servieren unter, damit die Soße so vollkommen wie möglich wird.

(Zu diesem Zeitpunkt hatte Dumas wohl schon den Champagner ausgetrunken, denn nun sollen die Nierchen auf einmal in Burgunder zubereitet werden. Wir erlauben uns, das Makrelenrezept, das bei Dumas an anderer Stelle wieder auftaucht, hier einzufügen. Außerdem empfehlen wir Dumas' Rezept »Kalbsnieren in Weißwein«, S. 78. Dazu kann man normalen trockenen Weißwein, Champagner oder zur Not auch Burgunder nehmen.)

Makrelen à la Maître d'hôtel

Ihre Makrelen sollten sehr frisch sein, außerdem von gleicher Größe, damit die einen nicht schneller gar sind als die anderen. Dann müssen Sie den Kopf und den Schwanz abschneiden und die Fische auf einer Fayence- oder Tonschale anrichten. Mit etwas Salz, Petersilie und gehackten Zipollen bestreuen und mit Öl begießen. Die Makrelen eine halbe Stunde – oder je nach Größe etwas länger – in dieser Marinade ruhen lassen, dabei gelegentlich wenden. Wenn Sie befürchten, dass sie aufplatzen könnten, legen Sie einfach ein Blatt Kochsalat darüber; so verhindern Sie, dass der Milchner verlorengeht. Beim Garen im Backofen muss man die Fische mehrmals wenden und zum Schluss auf den Rücken legen. Wenn sie gar sind, werden sie mit einem Holzlöffel angerichtet. Mit etwas kalter, mit Zitronensaft verfeinerter Maître-d'hôtel-Soße (vgl. Rezept S.159f.) füllen, mit gebundener Maître-d'hôtel-Soße übergießen und servieren.

Hühnchen am Faden

Bis zu diesem Zeitpunkt hatte meine Vize-Köchin nur ein paar Anmerkungen gemacht, doch als wir nun zu den Hühnchen kamen, bekam ich richtige Widerrede zu hören. Da ich keine Zeit zu verlieren hatte, drohte ich ihr mit einem Staatsstreich, der darin bestehen sollte, sie auszuzahlen und sofort vor die Tür zu setzen. Diese Drohung verfehlte nicht ihre Wirkung, widerwillig gehorchte sie, und fünf Minuten später drehten sich meine Hühnchen nebeneinander wie zwei Spindeln.

Da ich nun heute Zeit habe, zu erläutern, warum das Hühnchen am Faden besser ist als das am Spieß, hören Sie mir zu:

Jedes Tier hat zwei Körperöffnungen, eine oben und eine unten; und das Huhn ist in dieser Beziehung genauso beschaffen wie der Mensch.

Diogenes von Sinope hat dies schon zweitausendvierhundert Jahre vor mir gesagt, als er nämlich einen gerupften Hahn auf die Agora der Athener warf und dabei rief:

»Da habt ihr den platonischen Menschen!«

Nun, man muss zuerst eine dieser Öffnungen verschließen, nämlich die obere. Diese Öffnung wird auf belgische Art geschlossen, indem man den Kopf des Tiers in den Magen drückt und die Haut darüber vernäht.

Nun zur zweiten, der unteren Öffnung, die weitaus wichtiger ist als die obere. Daraus haben Sie, will heißen, daraus hat Ihre Köchin die Innereien herausgezogen, und, die Leber ausgenommen, weggeworfen. Die Leber hat sie mit Kräutern, Zipollen und Petersilie fein gehackt, alles mit einem Stück Butter vermengt und das Tier damit gefüllt; sie hat also die Innereien, die nicht nur unnötig, sondern sogar von Schaden gewesen wären, durch die Füllung, deren Duft ins Fleisch übergehen soll, ersetzt.

Und was will der Koch nun erreichen? Dass möglichst viel Saft im Tier, das er braten will, erhalten bleibt. Wenn Sie nun der Länge nach einen Spieß durchziehen und einen kleinen der Breite nach, um es zusammenzuhalten, statt eine der Öffnungen, die ihm von Natur aus gegeben sind, zu verschließen, schaffen Sie zwei neue Öffnungen, aus denen der Saft austreten kann.

Aber wenn Sie dem Tier die Schenkel mit einem Faden zusammenbinden und es an einem Faden aufhängen, die untere Öffnung nach oben und die obere zugenähte Öffnung nach unten; wenn Sie dieses Huhn mit gesalzener und gepfefferter, guter frischer Butter immer wieder begießen, und zwar besonders die untere Öffnung, dann haben Sie alle logischen Bedingungen erfüllt, um ein ausgezeichnetes Huhn zu erhalten. Sie müssen es nun nur noch beim Braten überwachen und den Faden durchschneiden, wenn die Haut leicht aufplatzt und aus diesen Rissen Dampf entweicht.

Dann können Sie es auf einer Platte anrichten und mit dem abgetropften Fett übergießen.

Die Butter, mit der Sie Ihr Huhn übergießen, darf

aber mit keinem einzigen Tropfen Bouillon vermischt werden. Ich glaube, ich habe es schon öfter gesagt, aber ich sage es hier noch einmal: Jede Köchin, die Bouillon unterrührt, sollte man ohne Mitleid mit Schimpf und Schande entlassen.

Der frittierte Tintenfisch ist einfach, wie der frittierte Merlan oder die frittierte Seezunge.

Frittierter Tintenfisch

Den Tintenfisch in Stücke schneiden, im Mehl wälzen, ins kochende Fett geben und ausbacken; Sie haben dann etwas, das ein wenig wie frittierte Kalbsohren schmeckt, mit einem Hauch von Moschus.

Rühreier im Nierchensaft, Spargelspitzen, Tomaten auf provenzalische Art

Die Rühreier im Nierchensaft, die Spargelspitzen und die gefüllten Tomaten auf provenzalische Art sind kinderleicht.

Schlagen Sie ein Dutzend Eier in einen Suppentopf, wobei Sie aber nur sechs Eiweiß behalten. Die Eier schlagen, ein Stück Butter und feine Kräuter hinzugeben, ein halbes Glas Brühe (Hühnerbrühe, wenn vorhanden) dazugießen und ein halbes Glas Nierchensaft, den Sie aufbewahrt haben. Das alles können Sie dann der Köchin überlassen, die nichts weiter zu tun hat, als alles in eine Kasserolle zu gießen, die Kasserolle auf den Herd zu stellen und gut umzurühren.

Wichtiger Hinweis: noch etwas flüssig servieren, denn die Eier kochen auf der Platte weiter.

Die Tomaten halbieren, aushöhlen, füllen, und zwar mit einer Masse aus gehacktem Hühner- und Kalbsfleisch vom Vortag – eventuell auch Wildfleisch – und Pilzen. Alles wird dann mit einem Glas Olivenöl übergossen, dem besten, das Sie bekommen können; Salz, Pfeffer, Petersilie und fein gehackten Knoblauch darüber streuen, mit einer Messerspitze Piment. Im Ofen bei Ober- und Unterhitze backen, wobei Sie die Tomaten zwei- oder dreimal mit dem austretenden Saft und Öl übergießen.

Die Kopfsalatherzen, die ohne Essig und Öl zubereitet werden, sind eine Erinnerung an unsere Spanienreise.

In Spanien schmeckt der Essig nach gar nichts, dafür ist aber das Öl verdorben. Sie können dort also keinen Salat essen, auch wenn Sie bei der Hitze und der trockenen Luft noch so sehr Appetit auf frisches Grün haben.

Nun, dagegen hatten wir ein Mittel: wir haben das Öl durch Eigelb und den Essig durch Zitronensaft ersetzt. Diese Mischung, ausreichend gesalzen und gepfeffert, bescherte uns einen ausgezeichneten Salat, der uns am Ende besser schmeckte als unsere Salate hier in Frankreich. Nach eineinhalb Stunden war das Essen auf dem Tisch, nur wir saßen nach vier Stunden immer noch da.

Wie hat man mich doch in Fécamp in Erinnerung behalten! Und wie wurde ich empfangen, als ich wieder mal dorthin kam!

Erlauben Sie mir, noch ein Rezept anzufügen, das sehr gut zu den oben genannten passen würde:

Rührreier mit Garnelenschwänzen

Zwölf Eier in eine Salatschüssel schlagen, aber nur mit acht Eiweiß, denn zuviel davon würde den Geschmack mindern.

In einer Kasserolle das Garnelenfleisch in einem Glas Chablis garen.

Gießen Sie zwei oder drei Tassen Bouillon dazu, geben Sie alles in einen Mörser und bereiten Sie ein Püree, das Sie dann durch ein Sieb streichen, damit kein Stückchen vom Panzer drin bleibt.

Vermischen Sie diese Masse mit ihren gesalzenen und gepfefferten Eiern, die Sie außerdem mit ein wenig sehr fein gehackten Zipollen und Petersilie gewürzt haben.

Zum Schluss geben Sie Ihre Garnelenschwänze hinzu, schlagen alles noch einmal, gießen die Masse in eine Pfanne mit frischer guter Butter; dann braten und auf einer Platte geschmackvoll anrichten.

Dies ist ein Eintrag, in dem Sie viel von der Arbeit in der Küche erfahren, aber wenig vom Hummer. Kommen wir also wieder zu diesem interessanten Tier.

Hummer à Alexandre Dumas

Der Hummer ist ein Krustentier, das oft in der Küche Verwendung findet. Die Languste, deren Fleisch nicht so schmackhaft ist wie das des Hummers, ist weniger begehrt. Sein gehacktes Fleisch wird in Mayonnaisen serviert oder in köstlichen weißen Soßen zum Wolfsbarsch oder zum Steinbutt.

In Paris sollte man nach Möglichkeit nur lebende Hummer kaufen. Nehmen Sie den schwersten, den Sie bekommen können. Er wird in einem Suppentopf oder einer Kasserolle gekocht, und zwar in gesalzenem Wasser, in das Sie außerdem ein großes Stück frische Butter, ein Sträußchen Petersilie, eine rote Pfefferschote und zwei oder drei Stangen Lauch gegeben haben. Nach einer Viertelstunde gießen Sie noch einen Becher Madeira oder Marsala hinzu und lassen das Tier in der Brühe erkalten. Dann muss man der Länge nach den Panzer vom Schwanz entfernen. Zuvor hat man eine Soße zubereitet, am besten nach dem folgenden Rezept:

Lösen Sie in einem Stück das Innere des Hummers heraus, und davon lösen Sie das gesamte weiße Fleisch mit einer zugespitzten Feder. Die Milch, die sich im Hauptstück befindet, wird mit den Eiern, wenn es sich um ein weibliches Tier handelt, vermischt und alles dann mit grünem Öl, einem gehäuften Esslöffel guten Senf, zehn oder zwölf Tropfen Sojaöl aus China, einer guten Handvoll fein gehackter Kräuter, zwei zerdrückten Schalotten und ordentlich Mignonette; und zum Schluss noch ein Gläschen Likör.

Kaffee

Die Pflanze, der wir den Kaffee verdanken, ist ein kleines, sehr niedriges Bäumchen mit stark duftenden Blüten. Der Kaffee kommt ursprünglich aus dem Jemen im Glücklichen Arabien; heute wird er in vielen Ländern angebaut. Der arabische Historiker Ahmed-Efendi ist der Meinung, dass ein Derwisch etwa im 15. Jahrhundert beziehungsweise im Jahr 650 nach der Hedschra den Kaffee entdeckt habe. Der erste Europäer, der davon berichtet hat, war Prosper Alpino aus Padua. Im Jahr 1580 reiste er im Gefolge eines Konsuls der Republik Venedig nach Ägypten. Das Werk, von dem hier die Rede ist, hat er auf lateinisch geschrieben und Jean Morazini gewidmet. Ich habe in Kairo diesen Baum in den Gärten des Ali Bey gesehen, man nennt ihn dort *bon* oder *boun;* die Ägypter bereiten aus den Bohnen dieses Baums ein Getränk, das die Araber *kawa* nennen. Die Vorliebe für Kaffee hat sich so weit verbreitet, dass sich in Istanbul die Imams über die leeren Moscheen beklagten, während die Kaffeehäuser immer voll waren. Murat III. erließ sodann ein Gesetz, wonach der Kaffee in dafür eigenen Häusern getrunken werden dürfe, die Türen müssten allerdings geschlossen sein. Der erste Kaffeebaumsetzling, der 1714 in Paris in den Gärten des Königs gepflanzt wurde, ging ein; er war von Monsieur de Resson, einem Generalleutnant der Artillerie, nach Frankreich gebracht worden. Der Bürgermeister von Amsterdam, Mijnheer Brancastre, schickte einen Setzling an Ludwig XIV., der ihn in seinen Garten in Marly pflanzen ließ.

Der Kaffee wurde in Frankreich erst 1657 eingeführt; die Venezianer haben ihn als erste nach Europa gebracht, über Marseille ist er dann nach Frankreich gekommen. Die Ärzte schlugen Alarm, ihre düsteren Strafpredigten wurden jedoch als Phantastereien abgetan. Das Resultat war, dass die Cafés trotz der Diskussionen nicht weniger frequentiert wurden.

1669 brachte der Botschafter Mehmets IV. eine große Menge nach Frankreich; es wird behauptet, ein Pfund Kaffee habe bis zu vierzig Écus gekostet.

Posée-Oblé berichtet in seiner *Histoire des plantes de la Guyane*, man habe in Paris unter Ludwig XIII. im Petit Châtelet einen Kaffeeabsud mit dem Namen *cahuet* ausgeschenkt. 1676 eröffnete ein Armenier namens Pascale ein Café beim Jahrmarkt von Saint-Germain, das er später am Quai de l'École wiedereröffnete; er hat damit viel Geld verdient. Aber erst zu Beginn des nächsten Jahrhunderts wurden von einem Sizilianer namens

Procope die Kaffeebuden wieder eröffnet. Die allererste Pariser Gesellschaft kam hier zusammen, denn er lieferte nur beste Ware.

Nach dem Jahrmarkt von Saint-Germain eröffnete er ein Lokal in einem Saal gegenüber von der Comédie Française, wo sich die Theaterliebhaber versammelten und wo die literarischen Schlachten ausgefochten wurden. In diesem Café hat Voltaire zwei Stunden täglich zugebracht. Zur selben Zeit entstanden in London mehr als dreitausend Cafés. Madame de Sévigné kämpfte so gut sie konnte gegen diese Mode und sagte voraus, dass Racine und der Kaffee zum gleichen Zeitpunkt in Mode kommen würden.

Momentan sind hauptsächlich fünf Sorten im Handel, abgesehen vom Zichorienkaffee, den unsere Köchinnen eigensinnig immer wieder untermischen. Der beste Kaffee kommt aus Mokka im Glücklichen Arabien. Er unterteilt sich noch einmal in drei Sorten; die erste, der *baouri,* ist den großen Herrschaften vorbehalten; dann gibt es noch den *saki* und den *salabi.*

Der Kaffee von der Insel Bourbon steht hoch im Kurs, der aus Martinique oder Guadeloupe wird allerdings lieber getrunken. Der Kaffee aus San Domingo, dem auch der aus Puerto Rico und der von den anderen Inseln Unter dem Winde beigemischt wird, ist von minderer Qualität.

Seitdem wird in Frankreich Kaffee überall getrunken. Als Napoleon 1806 die Kontinentalsperre verkündete, hieß dies, dass Frankreich mit einem Schlag vom Zucker und vom Kaffee abgeschnitten war. Der Rohrzucker wurde durch Rübenzucker ersetzt, und den Kaffee verlängerte man, indem man zur Hälfte Zichorienkaffee beimischte; das war ganz nach dem Geschmack der Krämer und der Köchinnen, die den Zichorienkaffee begeistert aufnahmen. Sie behaupteten, dass der gemischte Kaffee besser schmecke als der reine. Unglücklicherweise sind die Köchinnen heute, wo von der Kontinentalsperre nicht mehr die Rede ist, immer noch Verfechter der Zichorie, und unter dem Vorwand, ihren Herrschaften eine Erfrischung zu bereiten, mischen sie immer noch unter den Kaffee, den sie gemahlen kaufen, einen Teil Zichorienkaffee. Die Herrschaften befahlen daraufhin, den Kaffee in Bohnen zu kaufen, aber in die Kaffeemahlläden, die deswegen entstanden sind, wurde die Zichorie in Kaffeeform geliefert, und so gibt es diese Mischung heute immer noch, ob wir wollen oder nicht. Voltaire und Delisle haben allzu viel Kaffee getrunken, der allerdings kein Gift ist, wie man immer behauptet hat, sondern ein Gegenmittel für alle betäubenden Gifte; er wirkt sofort gegen Opium, Belladonna usw. Man muss ihn dafür sehr stark trinken und außerdem alle fünf Minuten einen Löffel Kaffee zu sich nehmen.

Wir glauben, unseren Lesern einen guten Rat zu geben, wenn wir ihnen den Kaffeeextrakt des Apothekers Trablit, Rue Jean-Jacques Rousseau, empfehlen. Nur einige Tropfen des Café Trablit genügen, um der Milch eine Farbe und ein Aroma zu geben, das man mit normalem Kaffee nie erreichen würde.

Kaffee muss geröstet (gebrannt) werden, indem man ihn unablässig in irgendeinem Gefäß aus Blech hin und her bewegt, besser in einem Kaffeebrenner, dessen Trommel, in der sich der Kaffee befindet, ganz rund ist, sodass die Bohnen gleichmäßig mit der Wärmequelle in Berührung kommen. Man beginnt mit einer niedrigen Temperatur, sodass die Bohnen erst aufgehen, ohne ganz von der Hitze ergriffen zu werden. So werden sie gleichzeitig innen wie außen geröstet und erhalten eine schöne rotbraune Färbung. Zum Rösten braucht man eine Dreiviertelstunde, man nimmt den Kaffee vom Feuer, wenn er fast fertig ist und sein gutes Aroma verbreitet, man lässt die Bohnen aber in der Trommel, um den Vorgang abzuschließen.

Dann werden die Bohnen auf einem Tuch zum Abkühlen ausgebreitet, anschließend füllt man sie in eine Blechdose, die hermetisch geschlossen werden muss. Man sollte den Kaffee immer nur kurz vor der Zubereitung mahlen, damit er sein Aroma nicht verliert; für eine Tasse braucht man in etwa einen halben Löffel. Da der Kaffee aus Mokka stärker ist und kräftiger duftet als die anderen Kaffeesorten, mischt man ihn normalerweise zur Hälfte mit Kaffee von der Insel Bourbon. Der Kaffee aus Martinique schmeckt nur mit Milch, denn er ist sehr bitter.

Für gewöhnlich serviert man nach dem Essen zu dem aus Wasser bereiteten Kaffee ein kleines Kännchen ungekochter Milch oder Sahne, die man in den Kaffee gießt, wenn einem das schmeckt.

Mahlen des Kaffees

Im Orient wird der Kaffee zerstoßen, in Europa wird er gemahlen. Und da eine Substanz um so mehr Schaden nimmt, je mehr man ihr beim Aufgießen Bestandteile entnimmt, ist die orientalische Methode unserer um einiges vorzuziehen, doch der orientalische Kaffee ist trübe und dicklich.

Zubereitung des Kaffees

Heutzutage weiß jeder, wie man Kaffee kocht und wie man mit einer Cafetière umgeht, sodass wir das hier nicht mehr erklären müssen.

Wir geben unseren Lesern nur den Rat, ihn nicht allzu lange in Gefäßen aus Blech aufzubewahren; er enthält eine Substanz, die das Metall angreift, und er bekommt dadurch einen unangenehmen Geschmack.

Im Orient wird der Kaffee noch heute so gemacht, wie man ihn früher auch bei uns gemacht hat; da er nicht gefiltert wird, bleibt er trübe, und die Orientalen trinken ihn auch so. Wenn Sie allerdings dieses kleine Wölkchen auflösen wollen, das auch Ihren Kaffee trübt, geben Sie einfach zwei oder drei Tropfen kaltes Wasser hinzu, und schon wird der Kaffee klar.

Geeister Café à la crème

Im Orient kocht man den Kaffee zusammen mit dem Zucker, man gießt ihn in kleine Japantässchen, die in Muscheln aus filigranem Silber, den *fitzyanes,* serviert werden.

Der auf diese Weise zubereitete Kaffee regt bei Weitem nicht so an wie Kaffee, der in einer Cafetière von Dubelloy zubereitet wurde, was übrigens die beste Art ist, ihn nach unserem Geschmack zuzubereiten. Der große Vorteil der Cafetièren von Dubelloy – einen Vorteil, den wir immer haben, wenn das kochende Wasser direkt durch das Kaffeepulver fließt – besteht darin, dass dann sofort ein klares Getränk entsteht, bei dem sich der Kaffee nicht erst setzen muss. Man muss ihn deswegen auch nicht ein zweites Mal aufkochen, was seinen Geschmack immer verändert; man muss auch keine Hausenblase zugeben, die einen wesentlichen Bestandteil des Kaffees zerstört.

Kochen Sie einen starken Kaffee (aus Mokka oder von der Insel Bourbon) und gießen Sie ihn in eine Porzellanschüssel. Zuckern Sie nach Geschmack und geben Sie noch gekochte Milch oder ein Drittel sahnigen Rahm hinzu. Stellen Sie dann die Schüssel in gestoßenes Eis.

Als die Kontinentalsperre, von der oben die Rede war, am schärfsten eingehalten wurde, ritt Napoleon I. einmal durch ein Dorf, wo sich der Duft von gerade geröstetem Kaffee verbreitete. Voller Neugier, woher der Duft kam, ritt Napoleon zum Pfarrhaus und gewahrte den Pfarrer, der in aller Seelenruhe seine Röstmaschine drehte.

»Aha, hab' ich Sie erwischt, Herr Pfarrer«, rief der Kaiser, »verraten Sie mir doch einmal, was Sie da machen.«

»Aber das sehen Sie doch, Sire«, erwiderte gelassen der Pfarrer, der sich nicht aus der Ruhe bringen ließ und weiter seinen Kaffee drehte, »ich mache es wie Sie, Majestät, ich verbrenne Kolonialwaren.«

Kalb

Koteletts auf provenzalische Art

Wenn man in Frankreich nach Süden reist und kurz hinter Valence nach Mornas kommt, dann erlebt man, dass ein neuer Geschmack beim Essen hinzukommt – der Geschmack des Knoblauchs. Da der große Unterschied zwischen der nordfranzösischen und der südfranzösischen Küche hauptsächlich in diesem Knoblauchgeschmack besteht, lohnt es nicht die Mühe, ein eigenes provenzalisches Kochbuch zu schreiben. Man muss nur angeben, wie viel Knoblauch bei den einzelnen Gerichten verwendet wird.

Für provenzalische Kalbskoteletts muss man also fünf oder sechs fein gehackte weiße Zwiebeln und eine Knoblauchzehe in einer Pfanne in Schweineschmalz anschwitzen, bis sie hellbraun geworden sind. Würzen mit Salz und Pfeffer, etwas Mehl darüber stäuben, mit Weißwein und Kalbsfond ablöschen und zehn bis zwölf Minuten leicht köcheln lassen. Sieben oder acht Kalbskoteletts zurichten, würzen, in Mehl wälzen und von beiden Seiten in einer flachen Kasserolle in Schweineschmalz anbraten. Wenn die Koteletts gut braun sind, das Fett abgießen, zur Hälfte mit Bouillon auffüllen, alles aufkochen lassen und dann auf kleiner Flamme so lange köcheln, bis die Koteletts gar sind und die Flüssigkeit zur Hälfte eingekocht ist. Dann die Zwiebeln hinzugeben, mit einer Messerspitze Cayennepfeffer würzen und fein gehackte Petersilie darüber streuen. Nach zwei Minuten werden die Koteletts ringförmig angerichtet und das Zwiebelragout in die Mitte dieses Rings gegeben.

Kalbsnieren in Weißwein

Die Nieren enthäuten, in dünne Scheiben schneiden und in Butter und zerlassenem Speck schmoren; mit Salz, Pfeffer, einer Schalotte, Petersilie und Trüffeln würzen, alles fein gehackt. Wenn die Nieren durch sind, nimmt man sie aus dem Topf und stellt sie auf einem Teller beiseite. In die Kasserolle gießt man nun ein halbes Glas Weißwein und lässt alles zur Hälfte einkochen. Dann fügt man noch etwas Kalbsfond hinzu und lässt alles einen Augenblick köcheln. Schließlich gibt man die Nieren in die Soße und lässt sie dort kurz ziehen. Auf einer Platte anrichten und mit Zitronensaft beträufeln.

Kaninchen

Die Kaninchen stammen ursprünglich aus Afrika, von dort wanderten sie nach Spanien, dann nach Frankreich. Plinius und Varro berichten, dass in der spanischen Stadt Tarragona die unglaublich vielen Kaninchen, die ihre Höhlen unter die Häuser dieser Stadt gegraben hatten, fünfundzwanzig oder dreißig dieser Häuser zum Einsturz brachten. Auf Basiluzzo, einer der Liparischen Inseln, blieben wegen dieser Tiere die Ernten aus und es kam zu einer großen Hungersnot. In Südfrankreich gab es so viele Kaninchen, dass 1551, wie Beaujeu berichtet, ein provenzalischer Edelmann, der mit einigen seiner Vasallen und drei Hunden auf Jagd gegangen war, am Abend sechshundert erlegte Tiere nach Hause brachte. Auf den Inseln bei Arles, so erzählt man, gibt es so viele, dass ein Jäger, wenn er nicht hundert jeden Tag schießt, unzufrieden ist. Das Kaninchen gilt als Symbol der Fruchtbarkeit; es ist so fruchtbar, dass ein Weibchen, wie man ausgerechnet hat, in einem Jahr bis zu acht- oder neunhundert Junge werfen kann. Sie tragen dreißig oder einunddreißig Tage und liefern den Hutmachern fünfzehn bis zwanzig Millionen Felle im Jahr. Im Winter schmeckt es am besten, und damit es gut schmeckt, darf es nicht zu jung und nicht zu alt sein. Um ein ausgewachsenes Kaninchen von einem jungen zu unterscheiden, muss man die Vorderläufe oberhalb des Gelenks abtasten, und wenn man dort eine etwa linsengroße Verdickung fühlt, hat man den Beweis, dass es sich um ein ganz junges Tier handelt. Wildkaninchen erkennt man daran, dass ihr Fell an den Läufen und unter dem Schwanz rot ist. Bei Stallkaninchen wird diese Färbung erreicht, indem man die Stelle überm Feuer rötet; den Schwindel erkennt man leicht am Geruch oder indem man die Färbung abwäscht. Was die Verdaulichkeit betrifft, so kommt das Kaninchenfleisch gleich nach dem Geflügel, das nicht so fett, und vor dem Federvieh, das zu fett ist.

Kaninchenkasserole

Schneiden Sie Ihre Kaninchen jeweils in vier Teile und heben Sie die Lebern auf. Die Stücke mit grobem Speck und Schinkenspeck spicken. Den Boden der Kasserolle mit Speck- und Kalbfleischstreifen bedecken, salzen, pfeffern. Darüber schichtet man feine Kräuter und Gewürze, Zwiebeln, Zipollen, Petersilie, Karotten und Pastinaken. Darauf werden dann die Kaninchenstücke verteilt, gut gewürzt und im Backofen mit Ober- und Unterhitze geschmort.

Nun bereiten Sie einen Coulis aus einem Stück Kalbfleisch und einem Stück Schinken. Das Fleisch in Scheiben schneiden, klopfen und in eine Kasserolle geben. Hinzu kommen eine in Ringe geschnittene Zwiebel sowie ein Stück Karotte und ein Stück Pastinake, ebenfalls kleingeschnitten.

Alles nun in der geschlossenen Kasserolle auf kleiner Flamme köcheln lassen; wenn es anhängt, ausgelassenen Speck und Mehl hinzugeben. Alles gut durchrühren, Jus und Bouillon zu gleichen Teilen hinzugeben und außerdem Pilze, Trüffel, ganze Zipollen, Petersilie, drei oder vier Gewürznelken und etwas Brotkruste; dann alles weiterköcheln lassen.

Die Kaninchenlebern im Mörser zerstoßen und mit etwas von Ihrem Coulis anrühren. Anschließend alles zu Ihrem Coulis hinzugeben, kurz erhitzen, durch ein Sieb streichen und in einer anderen Kasserolle beiseite stellen.

Die Kaninchenteile gibt man, wenn sie fertig sind, in diesen Coulis und lässt alles vor dem Servieren noch ein wenig köcheln. Das Fleisch nun auf einer Platte anrichten, den Coulis darüber gießen und als Entree servieren.

Karotte

Die Karotte ist eine Gemüsepflanze aus der Familie der Doldengewächse, ihre Wurzel findet in der Küche gerne Verwendung, da sie von vortrefflichem Geschmack ist. Die Karotte ist gesund und führt nur zu Unwohlsein, wenn man zuviel davon isst. Sie enthält viel lebenswichtiges Öl und Salz und passt zu jedem Alter und zu jedem Charakter. Man verwendet sie zu allen möglichen Suppen, als Beilage zum Schmorfleisch, für Coulis. Sie ist auch eine Zutat des Hotchpotch, eine Fleischterrine, die man als Vorspeise reicht. Man muss lange, dicke, fleischige Exemplare auswählen, die sich leicht brechen lassen, von gelblicher oder blass-weißer Farbe und von süßlichem Geschmack.

Karottenragout oder Karotten auf Hausfrauenart

Schneiden Sie Ihre Karotten in etwa zwei Finger breite Stücke und lassen Sie sie eine Viertelstunde lang kochen. Dann kommen sie in eine Kasserolle zusammen mit guter Bouillon, einem Glas Weißwein, einem Kräutersträußchen und etwas Salz. Wenn sie gar sind, geben Sie noch etwas Coulis hinzu, um die Soße zu binden. Dieses Ragout können Sie zu allem servieren.

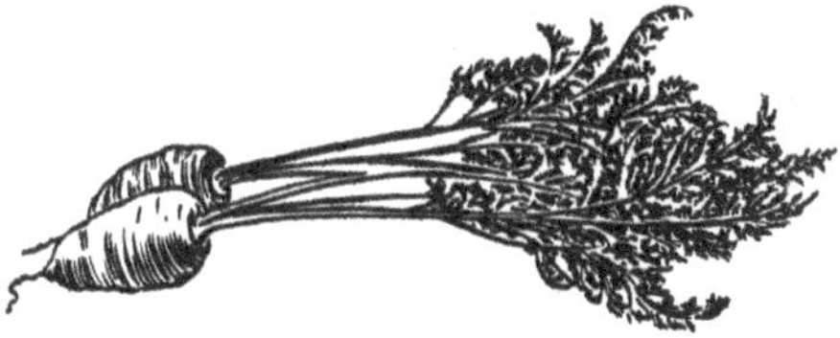

Karpfen

In Flüssen oder Weihern lebender Süßwasserfisch, der weder bei den Griechen noch bei den Römern Erwähnung findet. In der Rhone fängt man Karpfen von 40 bis 50 Pfund mit ausgezeichnetem Fleisch. Dieser Fisch kann mehrere Jahrhunderte alt werden, wie man sich bei den Exemplaren vergewissern konnte, die Franz I. eigenhändig im Fischteich von Fontainebleau ausgesetzt hat. Im Norden wird der Karpfen nicht so groß wie im Westen oder Süden. In einem weiblichen Exemplar von 18 Zoll Länge hat Doktor Petit 342000 Eier gefunden. Im Orient stellen die Juden Kaviar aus Karpfeneiern her, da sie keinen Kaviar vom Stör essen dürfen. Der schwerste Karpfen aller Zeiten wurde 1711 gefangen: er wog 70 Pfund.

Als ich damals in Poti weilte, dort wo der Rioni, der Phasis der alten Griechen, ins Schwarze Meer mündet, und mir das tagtägliche Hammelfleisch zuviel wurde, äußerte ich den Wunsch, etwas anderes zu essen zu bekommen. Vasiln, der gerade drei Tage in meinen Diensten stand, schlug vor, zum Fischen an den See von Poti zu fahren. Da ich sowieso auf das Schiff nach Odessa warten musste, konnte ich mir nichts Besseres vorstellen, als mich einen Tag lang damit zu amüsieren. Wir fuhren ungefähr eine Meile durch den Wald und kamen an den See, wo wir ein Fischerboot bestiegen.

Für zwei Rubel, etwa acht Francs, so wurde vereinbart, sollte das Boot uns zur Verfügung stehen. Nach zwei Stunden hatten wir 300 oder 400 Pfund Fisch gefangen. Wir behielten die schönsten Stücke, überließen die anderen den Fischern und kehrten zum Gasthof des Meister Jakob zurück.

Die größten Fische waren ein Karpfen von 40 und ein Sudak von 35 Pfund. Wir nahmen den Karpfen aus und fanden Eier mit einem Gewicht von 13 Pfund, eine seiner Schuppen bedeckte vollkommen ein Fünf-Francs-Stück. Wir brauchten zwölf Flaschen Wein, um ihn darin zu kochen. Es war der größte Karpfen, den ich jemals gesehen habe. Da wir ihn in einem See von acht Meilen Umfang mit direktem Zugang zum Meer gefangen hatten, schmeckte er nicht nach Schlamm und war in dieser Hinsicht so sauber wie ein Flusskarpfen.

Am zweiten Tag schenkten wir ihn dem Wirt, der damit sein ganzes Haus satt bekam.

Da wir gerade vom Schlamm sprachen, wollen wir hier gleich beschreiben, was man tun muss, um diesen Geschmack loszuwerden.

Flößen Sie dem Fisch gleich, nachdem er gefangen

wurde, ein Glas starken Essig ein, und sofort werden Sie sehen, wie sich auf seinem Körper eine Art dicker Schweiß entwickelt, der beim Schuppen mit entfernt wird. Wenn er dann tot ist, wird sein Fleisch fest, und es hat einen so guten Geschmack, als wäre er in fließendem Gewässer gefangen worden.

Karpfen à la Chambord

Nehmen Sie einen schönen Rheinkarpfen, schuppen und häuten Sie ihn, bevor Sie ihn ausnehmen, ohne dabei den Bauch ganz zu öffnen. Lösen Sie die Kiemen heraus, ohne die Zunge zu beschädigen, und entfernen dann den Schwanznerv. Spicken Sie den ganzen Karpfen mit einer spitzen Nadel mit schmalen Speckstreifen oder zur Hälfte mit ebenso geschnittenen Trüffeln und zur anderen Hälfte mit Karotten. Wenn Sie den Karpfen in Brühe servieren wollen, spicken Sie ihn mit Speck, Trüffeln oder Karotten. Legen Sie ihn in eine Fischpfanne, übergießen Sie ihn mit magerer Brühe und garen Sie ihn. Anschließend in eine Kasserolle drei Tassen magere spanische Soße und eine halbe Flasche Weißwein gießen, einkochen lassen und das Fett abschöpfen. In die Soße gibt man dann geschnittene Pilze, Trüffeln, Karpfenmilch, Fleischklößchen sowie in Stücke geschnittenen Aal und lässt alles eine Viertelstunde köcheln; mit Sardellenbutter abschmecken. Den Karpfen abtropfen lassen, anrichten, mit den Beilagen und mit Krebsen drum herum garnieren; zum Schluss die Soße darüber gießen, glacieren und servieren. Zum Karpfen in Brühe reicht man außerdem gespicktes Kalbsbries, Täubchen à la Gautier oder Wachteln und, wenn sie zu haben sind, Hahnenkämme und -nierchen.

Karpfen auf Piemonteser Art

Einen schönen Karpfen ausnehmen und die Kiemen entfernen, von beiden Seiten zurechtschneiden und zwei Stunden einlegen in eine Marinade aus Öl, Salz, Pfeffer, Petersilie, ganzen Zipollen, Zwiebel- und Schalottenringen, Knoblauch, Thymian, Basilikum und Lorbeer.

Den Fisch auf dem Rost grillen, dabei von Zeit zu Zeit mit der Marinade begießen. Trüffeln und Pilze mit einem Stück Butter, einem Kräutersträußchen, einer Messerspitze Mehl vermischen und passieren, guten Jus angießen und kurz blanchierte Artischockenböden, kleine weiße Zwiebeln und ein halbes Glas Champagner hinzugeben.

Kartoffel

Dieses ausgezeichnete Gemüse wurde 1585 von dem englischen Admiral Walter Raleigh aus Virginia nach Europa gebracht und hat seitdem die Völker vor Hungersnöten bewahrt.

Dieser Admiral ist mehr wegen seiner Tollkühnheit und den Wechselfällen seines Lebens als wegen der Einführung der Kartoffel bekannt geworden, der man übrigens zunächst wenig Beachtung schenkte. Walter Scott berichtet, dass Raleigh eines Tages mit Königin Elisabeth und ihrem Gefolge spazieren ging und dass die Königin auf dem Weg eine Wasserpfütze überqueren musste. Raleigh nahm seinen blauen, mit Perlen bestickten Samtmantel ab und legte ihn über die Pfütze, sodass die Königin trockenen Fußes weitergehen konnte; als Belohnung dafür wurde er zum Admiral ernannt.

Dumme Vorurteile verhinderten lange, dass man den wahren Wert der Kartoffel erkannte. Für die meisten war es ein gefährliches, zumindest ein unfeines Nahrungsmittel, gerade gut genug für die Schweine. So stand es um die Kartoffel, als gegen Ende des 18. Jahrhunderts Parmentier mit seinen theoretischen und praktischen Arbeiten begann, um den Kartoffelanbau voranzutreiben. Er hatte Glück und konnte die Vorurteile widerlegen, und schließlich waren alle von ihrem Nährwert überzeugt. 1793 hielt man die Kartoffeln für so notwendig, dass der Pariser Magistrat am 21. Ventôse einen Erlass herausgab, wonach alle Ziergärten zum Anbau dieses Gemüses umgewandelt werden mussten. So kam es, dass auf der großen Allee in den Tuillerien und auf den Blumenbeeten Kartoffeln angepflanzt wurden, was ihnen für lange Zeit die Bezeichnung »königliche Orangen« einbrachte, in Erinnerung an die Restauration, die diese Entscheidung zu würdigen wusste.

Die Kartoffel ist wirklich ein gesundes, leicht zu verarbeitendes und billiges Nahrungsmittel. Ihre Zubereitung hat für die arbeitende Klasse den angenehmen Vorteil, dass sie wenig Mühe und Ausgaben verlangt. Wenn man sieht, mit welcher Begeisterung Kinder in der Asche gegarte Kartoffeln verzehren und sich wohl dabei fühlen, dann erkennt man sofort, dass sie allen bekommt. Bei der Auswahl kann man keine Fehler machen: die grauen Kartoffeln mit ihrer runzligen Schale sind die eher minderwertigen, am besten sind ohne jeden Zweifel die violetten, sie sind sogar den roten vorzuziehen, die man in Paris *vitelottes* nennt.

Die Kartoffel spielt auch in einigen anderen Herstellungsprozessen eine Rolle. Das Kartoffelmehl wird beispielsweise von den Schokoladenherstellern unter der Bezeichnung *Sucre royal* verwendet, und zwar bei der Herstellung der einfachen Schokolade. Kürzlich hat man herausgefunden, dass die Blüten der Kartoffelpflanze zum Gelbfärben verwendet werden können, und ein Mitglied der Ärztekammer von Stockholm hat entdeckt, dass die richtig getrockneten Kartoffelblätter an Wohlgeruch dem normalen Tabak überlegen sind.

Welche Pflanze kann mit der Kartoffel verglichen werden, von der man alles verwenden kann, und was für ein Lob war doch die Schimpfrede jener Frau, die verhindern wollte, dass der berühmte Parmentier mit einem städtischen Amt betraut wurde: »Er hat uns doch nur die Kartoffeln aufgetischt!«

Kartoffeln à la Maître d'hôtel

Die Kartoffeln kochen, schälen, in Scheiben schneiden und braten, dann mit frischer Butter, gehackter Petersilie, Salz, Pfeffer und dem Saft einer Zitrone in eine Kasserolle geben; erhitzen und alles vermengen, noch etwas Sahne hinzufügen und servieren.

Die Butter kann man durch gutes Öl ersetzen, und wenn es kleine Kartoffeln sind, sollte man sie ganz lassen.

Kartoffeln auf provenzalische Art

Sechs Esslöffel Öl in eine Kasserolle geben, zusammen mit der fein geschnittenen Schale einer halben Zitrone, Petersilie, Knoblauch, einer fein gehackten Zipolle, etwas Muskatnuss, Salz und Pfeffer. Dann gibt man die geschälten und fein gewürfelten Kartoffeln hinzu und lässt alles zusammen köcheln. Vor dem Servieren gießt man den Saft einer Zitrone darüber.

Gefüllte Kartoffeln

Zehn dicke Kartoffeln werden gewaschen, geschält und der Länge nach in der Mitte durchgeschnitten; anschließend werden sie sorgfältig mit einem Messer oder einem Löffel ausgehöhlt. Die Füllung wird aus zwei gekochten Kartoffeln, zwei fein gehackten Schalotten, etwas Butter, einem Stück fettem, frischem Speck, einer Messerspitze Petersilie und gehackten Zipollen zubereitet, alles gut durchmischen und mit Salz und Pfeffer würzen. Die Kartoffeln damit füllen, und zwar so, dass die Füllung sich aufwölbt. Die gefüllten Kartoffeln auf einer gebutterten Schale in den Backofen schieben. Sie werden eine halbe Stunde bei mäßiger Ober- und Unterhitze gut braun gebacken. Sofort servieren.

Käse

Käse ist nichts anderes als von Molke getrennte Dickmilch, die dann bei steter Wärme gehärtet wird. Es handelt sich um den fettesten und festesten Bestandteil der Milch, was deutlich macht, dass wir es hier mit einem deftigen Nahrungsmittel zu tun haben, das bei übermäßigem Verzehr aber schwer zu verdauen ist.

Die Römer waren es, die die Kunst der Käseherstellung nach Gallien brachten; danach hat sie ihren Weg gemacht, denn es gibt wenige Gegenden in Frankreich, die nicht ihren eigenen Käse haben. Bei fast jeder guten Tafel wird er in immer wieder anderer Form und Konsistenz serviert.

Man kann Käse aus Milch mit oder ohne den darin enthaltenen Butterstoff machen. Belässt man der Milch den Butteranteil, entsteht ein Käse mit besserem Geschmack, denn der Käse enthält dann mehr Rahm, und der ist der beste Teil der Milch mit der größten Menge an Fett und Riechsalzen. Käse wird aus der Milch vieler Tiere hergestellt, doch in der Regel nimmt man Kuhmilch; der daraus hergestellte Käse schmeckt angenehm, ist nahrhaft, aber schwer verdaulich.

Der Käse darf weder zu frisch noch zu alt sein; ist er zu frisch, liegt er schwer im Magen und verursacht oft Blähungen und Durchfall; ist er zu alt, kann es durch seine große Schärfe zu Hitzewallungen und Sodbrennen kommen, er hat dann einen unangenehmen Geruch und lähmt den Magen, denn durch den langen Reifeprozess wurde ihm viel Flüssigkeit entzogen, und von seiner ursprünglichen Beschaffenheit ist dadurch viel verlorengegangen.

Es gibt eine beträchtliche Vielfalt an Käsesorten; am beliebtesten sind der Brie, der Holländer, der Greyerzer, der Livarot, der Maroilles, der Camembert, der Roquefort, der Parmesan und schließlich diese kleinen, deliziösen Schweizer Frischkäsesorten; sie sind ein wahrer Rahmgenuss, und alle Feinschmecker erfreuen sich an ihrem Anblick und ihrem Geschmack.

Kasserolle

Was wäre die Kochkunst ohne die Kasserolle, ihr wichtigstes Beiwerk? Zur Zeit der Patriarchen gab es sie nicht, damals genügte der Spieß, um Fleisch zu braten, und der große Topf, um es zu kochen. Aber die Kasserolle ist ganz gewiss die liebste Waffe, der Talisman, der große Schatz des Kochs. Die herrlichen Gerichte eines Verres, Lukullus, Nero, Vitellius, Domitian, Apicius wurden sicher in Kasserollen zubereitet, denn es ist undenkbar, dass diese großen Feinschmecker nur von am Spieß gebratenem oder gegrilltem Fleisch und gekochtem Gemüse gelebt haben.

In Frankreich steht die Kasserolle in höheren Ehren als anderswo. Man weiß, dass die Spanier nur von Schokolade, *garbanzos* und ranzigem Speck leben; die Italiener von Makkaroni; die Engländer von Roastbeef und Pudding; die Holländer von im Ofen geschmortem Fleisch, Kartoffeln und Käse; die Deutschen von Sauerkraut und geräuchertem Speck. Bei uns hat die Kasserolle ihren Ruf durch die erhalten, die sie mit so viel Talent eingesetzt haben, man denke an Mignot, Robert, Miot, Beauvilliers, Véry, Carême usw.; und durch die,

die sie in ihren für die Nachwelt erhaltenen Werken gefeiert haben: Grimod de la Reynière, Berchoux, Brillat-Savarin.

Keinem Koch muss man einschärfen, dass er seine Kasserollen peinlichst sauber zu halten hat; die geringste Unsauberkeit kann dazu beitragen, die Speisen zu verderben oder ihren Geschmack zu beeinträchtigen. Kasserollen aus Kupfer werden wegen ihrer Haltbarkeit am häufigsten in den Küchen verwendet, aber wenn Sie sie nicht regelmäßig pflegen oder wenn Sie Fleisch oder Fett darin erkalten lassen, laufen Sie Gefahr, vergiftet zu werden. Als Kasserolle werden auch einige Gerichte bezeichnet, von denen wir die beiden wichtigsten beschreiben wollen.

Reiskasserolle bürgerlicher Art

Schmoren Sie ein Stück gekochtes Fleisch, gießen Sie das Fett ab, bedecken Sie es mit körnigem Reis und geben Sie Brühe mit Speckwürfeln darüber. Formen Sie daraus eine halbrunde Masse und schieben Sie alles solange in den Backofen bis sich eine Kruste gebildet hat. Dann ohne Soße servieren.

Reiskasserolle à la Reine

Das weiße Fleisch zweier Poularden wird mit Pilzen zusammen gehackt, gekocht, fein gestampft und verdünnt. Dieses Püree wird dann mit einer Béchamelsoße aus Geflügelbrühe und Pilzfond vermischt und durch ein Sieb gegeben. Man stellt alles zusammen ins Wasserbad, bis es fast zum Kochen kommt. Diese Masse gießt man dann über den Reis, garniert darauf wie einen Deckel sechs frisch in Wasser und einem halben Liter Essig pochierte Eier und über jedes Ei eine Hühnerlende à la Conti. Zuletzt gießt man über die Eier etwas Béchamelsoße, lässt alles leicht glacieren und serviert es.

Knoblauch

Knollenförmige Gemüsepflanze, deren Zehen zum Würzen verwendet werden.

Jeder kennt den Knoblauch, besonders die Rekruten, die ihn essen, um untauglich geschrieben zu werden. Seine Knolle enthält einen scharfen und stark riechenden Saft, der das Wasser in die Augen treibt. Reibt man ihn auf die Haut, wird sie rot und entzündet sich sogar.

Jeder kennt auch den Geruch des Knoblauchs, außer demjenigen, der davon gegessen hat und der es nicht versteht, dass man sich von ihm abwendet. Atheneas berichtet, dass man die der Kybele geweihten Tempel nicht betreten durfte, wenn man Knoblauch gegessen hatte. Bei Vergil steht zu lesen, dass Knoblauch den Schnittern in der großen Sommerhitze mehr Kraft verleihe, bei Macer, dass er ihnen helfe, wegen der Schlangen wachsam zu bleiben. Die Ägypter verehrten ihn, die Griechen dagegen mochten ihn nicht, die Römer aßen ihn gerne. Horaz verabscheute ihn, weil er sich, gleich nach seiner Ankunft in Rom, an einem mit Knoblauch geschmorten Hammelkopf den Magen verdorben hatte.

König Alfons von Kastilien hasste ihn sogar so sehr,

dass er im Jahre 1330 einen Befehl erließ, wonach die Ritter, die Knoblauch oder Zwiebeln gegessen hatten, mindestens für einen Monat nicht bei Hofe erscheinen und nicht mit anderen Rittern sprechen durften.

Die provenzalische Küche lebt vom Knoblauch. Die Luft in der Provence ist knoblauchduftgeschwängert und deswegen so gesund. Knoblauch ist das wichtigste Gewürz in der Bouillabaisse und in den meist verwendeten Soßen. In Öl zerdrückt, macht man aus ihm eine Art Mayonnaise, die man zu Fisch oder Schnecken isst. Das Mittagessen der Provenzalen aus den unteren Schichten besteht oft nur aus einer alten Brotkruste, die mit Öl beträufelt und mit einer Knoblauchzehe eingerieben wird.

Koch

Der Beruf des Kochs war im Mittelalter mit der Zugehörigkeit zum Adel nicht vereinbar, und erst seit Vatel hatten die Köche das Recht, geadelt zu werden. Und in der Tat entnehmen wir den Annalen von Saint-Denis, dass Thibault de Montmorency, Ritter des Ordens vom Heiligen Geist und Seigneur de Boury, großer *queux* gewesen war, das heißt Küchenchef oder Erster Koch des Königs Philippe de Valois.

Wir zögern nicht, diese Behauptung unseres Kollegen Courchamps zu dementieren, denn Philippe de Valois war schon mehr als zweihundert Jahre tot, als der Orden 1578 von Heinrich III. gegründet wurde. Sicher ist zumindest, dass unter der Herrschaft Ludwigs XI. ein Urteil erlassen wurde, welches dem ehemaligen Koch der Madame de Beaujeu, einem gewissen Cyrant de Bartas, die Zugehörigkeit zum Adel und alle damit verbundenen Privilegien zusichert, in dem Sinne, dass die besagte Bestallung als Küchenchef niemals den Verlust aller Adelsrechte mit sich gebracht habe, noch mit sich bringen dürfe. Der berühmte Montesquieu ist ein Nachkomme jenes Robin, der als Zweiter Koch beim Connétable von Bourbon diente und der von diesem Fürsten geadelt worden war. Es ist sonderbar, dass dieser Mann, nämlich jener Connétable von Bourbon, dem Bayard seinen Adelstitel abgesprochen hat, einen Koch adeln konnte. Heinrich IV. adelte Nicolas de Fouquet, Seigneur de la Varenne und Küchenchef der Königin Marguerite für seine Verdienste, die er sich in diesem Amt erworben hatte. Außerdem hat er es fertiggebracht, eine Leibrente von siebzigtausend Livres zu erhalten, nicht weil er ihre Hühner gespickt hat, wie es in der Sprache der Königin Margot heißt, sondern die des Königs.

Nach Brillat-Savarin kann man ein guter Koch werden, aber doch ein schlechter Bratenkoch bleiben; man wird zum Bratenkoch geboren, so wie man zum Dichter geboren wird.

Carême und Beauvilliers, Carême vor allem, sind der unumstößliche Beweis dafür, dass man zugleich Schriftsteller, Archäologe und Koch sein kann.

Einige sehr bekannte Feinschmecker, denen man den Titel eines Küchenkenners nicht absprechen kann, ziehen Köchinnen den Köchen vor; sie behaupten, dass Frauen eine gescheitere und leichtere Hand beim Würzen hätten. Es stimmt allerdings, dass sie wie die alten thrakischen Bacchantinnen verteufelt nachtragend sind. Ich erinnere mich an zwei geistreiche Boulevardtheaterschreiber namens Brasier und de Demersan, die vor fünfunddreißig oder vierzig Jahren ein Stück mit dem Titel ›Die Köchinnen‹ auf die Bühne des Théâtre des Variétés gebracht hatten.

Die Herren Autoren hatten gegenüber den Künstlerinnen nicht die Vorsicht walten lassen, die sie ihrem Talent und ihrem Geschlecht schuldeten. Am nächsten Morgen hatten sie es mit den Köchinnen zu tun, die ihren Dienst quittierten und die beiden Herren dem Hass aller Zünfte auslieferten. Das war noch nicht alles. Alle Pariser Träger des Cordon bleu versammelten sich und berieten in dieser Versammlung die schlimmsten Maßnahmen und stießen die schrecklichsten Verwünschungen gegen die Verfasser des Stücks aus. Eine der Köchinnen lauerte ihnen sogar vor dem Théâtre des Variétés auf, und so, wie man auf Korsika die Vendetta verkündet, schrie sie ihnen zu: »Hütet euch, dann hüten wir uns auch!«

Während mehrerer Jahre, so erzählten Brasier und Demersan, konnten sie keine Köchinnen mehr einstellen, zum einen, weil sie keine fanden, zum anderen, weil sie Angst davor hatten, ihr kostbares Leben einer Vertreterin dieser rachsüchtigen Zunft anzuvertrauen. Wenn sie nicht zu Mittag oder zu Abend bei ihren Freunden speisten, lebten die beiden unglückseligen Parias von Eiern und Lyoner Wurst.

Sie rächten sich allerdings mit einer Strophe in ihrem nächsten Vaudeville, das mit den beiden folgenden Versen endet:

»Und ich sage euch ganz frech:
die besten Köchinnen sind die aus Blech.«

Malherbe, der sich auch brüstete, ein Feinschmecker zu sein, und der vor allem den Köchen gerne bei der Arbeit zusah, sagte einmal, dass ein wirklich gutes Diner lange im Voraus vorbereitet werden müsse.

Als er nun eines Tages zu einem Diner bei einem Freund ging, traf er dort an der Tür einen Hausangestellten, der Handschuhe trug. Es war zwölf Uhr, und so wie es damals üblich war, sollte um eins diniert werden. »Wer seid Ihr?«, fragte Malherbe den Angestellten. »Monsieur, ich bin der Koch.« »Donnerkeil!«, erwiderte der Gast und machte sich eiligst aus dem Staub. »Ich speise doch nicht bei einem Mann, dessen Koch um zwölf noch Handschuhe trägt. Das ist doch ein Witz. Die Küche muss gut geführt werden.«

»Diese Hammelkeule ist doch halb roh!«, sagte zu seinem Gastgeber ein Mann, der glaubte, sich gut ausdrücken zu können.

»Monsieur«, erwiderte der andere pikiert, »das kommt von der Rohheit der Köchin.«

Beenden wir diesen Eintrag mit einem äußerst geistreichen Wort des Marquis de Bièvre.

Der Marquis de Bièvre sagte einmal, als er nach den Küchenjungen sah, die sich prügelten, zu jemandem, der ihn gefragt hatte, was denn der Lärm bedeute: »Das ist gar nichts, nur eine Küchenbatterie.«

(Wortspiel: ›batterie‹ hat im Französischen mehrere Bedeutungen: Schlägerei, Küchengeräte, Kanonen.)

Krabbe

Es gibt verschiedene Krabbensorten, doch nur die große Krabbe aus der Bretagne und die kleine aus dem Ärmelkanal sind es wert, serviert zu werden, auch wenn ihr Fleisch schwer verdaulich ist. Ihre Eier sind die besten, die Afrikaner ernähren sich davon, und die Bewohner der Karibischen Inseln leben fast nur von Krabben.

Man kocht sie in Salzwasser so wie Hummer und Krevetten zusammen mit frischer Butter, Petersilie und einer Stange Lauch, dann lässt man sie in der Brühe kalt werden. Anschließend wird das weiße Fleisch sauber ausgelöst, und mit einem Löffel entnimmt man die Milch, die dann mit dem Fleisch, Kresse, grob gemahlenem Pfeffer, etwas Öl aus der ersten Pressung und dem Saft unreifer Trauben vermischt wird. Gießen Sie diese beiden Flüssigkeiten über das Gericht und servieren Sie es als eleganten Bratenersatz, insbesondere in der Fastenzeit.

Krebs

Bei diesem Krustentier befinden sich Kopf und Magen zusammen in einem Körperteil. Der Krebs hat fünf Paar Beine, von denen die vorderen, größeren die Form von Zangen haben, und es sind wirklich Zangen.

Krebse leben im Wasser und werden beim Kochen rot. Das liegt daran, dass ihr schwarzer oder violetter Panzer – schwarz, wenn sie noch leben – Kalziumkarbonat enthält.

Unserem Freund, dem Schriftsteller Jules Janin, hat man einen ärgerlichen Streich gespielt, indem man behauptet hat, er habe den Hummer scherzend den »Kardinal des Meeres« genannt.

Janin, dessen Name unter den Küchenklassikern neben Talleyrand, Carle Vernet, dem Marquis de Cussy und Grimod de La Reynière eingraviert wurde, was wir ihm auch in einem Brief so geschrieben haben, war als Feinschmecker viel zu distinguiert, als dass er solche Fehler hätte machen können.

Er hat seinen Zeitgenossen übrigens so schöne Augenblicke der Zerstreuung beschert, da sollten jene es nicht zulassen, dass man diesen sanften und charmanten epikureischen Menschen, der als Kritiker ebenbürtig neben Sainte-Beuve steht, auf diese Weise beleidigt.

Wir haben gesehen, wie Janin speiste, und wir haben oft genug zusammen mit ihm am Tisch gesessen, um hier bestätigen zu können, dass er nicht nur so reizend bei Tische plaudern konnte, sondern dass er auch ein gelehrter Schüler, ja sogar ein Professor der großen Kunst eines Brillat-Savarin und eines Carême war.

Nachdem dies einmal gesagt ist, kommen wir wieder zu den Krebsen zurück.

Man sollte nur Krebse aus fließenden Gewässern nehmen. Die einfachste Art, sie zuzubereiten, findet man im *Dictionnaire des aliments* von Monsieur Aulagnier, dem wir nie genug danken können für die Dienste, die er uns erwiesen hat. Nach diesem Rezept muss man die Krebse noch lebend in einen großen Kochkessel werfen, den man halbe halbe mit Wasser und Essig, gut gewürzt mit Salz, Pfeffer, Thymian und Lorbeerblättern, gefüllt hat.

Aber auch wenn man nach diesem Rezept ausgezeichnete Krebse erhält, so könnte man doch sagen, dass es aus der Kinderstube der Kochkunst stammt, und darum wollen wir hier ein weiteres Rezept anfügen, das wir unserem Freund Vuillemot, dem Besitzer des Restaurants ›La Tête noire‹, zu verdanken haben.

Krebs nach Vuillemot

Am besten sind dafür Krebse aus der Maas. Eine große Zwiebel in Ringe schneiden, eine Karotte fein hacken, und alles zusammen mit einem Kräutersträußchen und zwei Knoblauchzehen in eine Kasserolle geben. Eine halbe Flasche Chablis hinzugießen, außerdem ein Viertel Gläschen Branntwein und ebensoviel Essig. Das Gemüse bei sanfter Hitze ganz leicht köcheln lassen. Nun die gut gesäuberten Krebse hinzugeben, die, wenn sie fertig sind, in einer anderen Kasserolle beiseite gestellt werden. Jetzt die Brühe zur Hälfte einkochen lassen, etwas Tomatenkonzentrat und ein Stück Butter hinzufügen, binden und über die Krebse gießen. Die Krebse dann in der Soße eine halbe Stunde köcheln lassen, dabei öfter schwenken; und wenn die Krebse und die Soße gut sind, werden sie lau serviert.

Kutteln

Vorbereitung von Rinderkutteln

Sieben Städte streiten sich um die Ehre, die Geburtsstadt Homers zu sein; Frankreich und Italien streiten sich darum, die Zubereitung von Rinderkutteln erfunden zu haben. Wir verzichten darauf, wenn wir überhaupt dazu berechtigt sind, Frankreich diese Ehre zuzusprechen, aber wir tun dies nur gezwungenermaßen und gönnen diese Ehre nur unter Vorbehalt den Mailändern.

Die Kutteln werden in einem Meer von Wasser gebürstet und gewaschen, dann werden sie in drei Finger breite Streifen geschnitten und mit einem großen Petersilie- und Thymianstrauß, Butter und Knoblauch, Salz, Pfeffer und drei oder vier großen Zwiebeln gut zwei Stunden lang gekocht. Die Kutteln herausnehmen und abtropfen lassen. Traditionsgemäß werden Kutteln so gekocht, bevor sie dann auf verschiedene Arten zubereitet werden.

Kutteln à la mode de Caen

Nachdem Sie die Kutteln ausgekratzt und mit viel Wasser gereinigt haben, werden sie in kochendem Wasser blanchiert. Dann lässt man sie vierundzwanzig Stunden in kaltem Wasser, das immer wieder gewechselt wird, ruhen.

In einem Schmortopf werden die folgenden Zutaten angebraten: Zwiebeln, in Streifen geschnittene Karotten, Speck, Gewürznelken, grobgemahlener Pfeffer und Rindsfußscheiben.

Die Kutteln abtropfen lassen, mit Salz und Muskatnuss bestreuen. Mit allen Zutaten und einer Schweinshaxe in eine Terrine geben, eine Mischung aus Weißwein und Wasser dazugießen und mit Speckscheiben bedecken.

Den Topf schließen, hermetisch mit Teig abdichten und sieben Stunden bei mäßiger Hitze im Backofen schmoren. Die Kutteln heiß servieren, die Soße zuvor binden und das Fett abschöpfen.

Lachs

Fisch, der im Norden und Süden zu finden ist; Süßwasserfisch in der schönen Jahreszeit, Meeresfisch für den Rest des Jahres. Im Frühjahr verlässt er das Meer, um zu laichen, und zieht in großen Schulen durch die Flüsse. Unter diesen Nomaden herrscht eine bemerkenswerte Ordnung: Sie schwimmen in zwei Zügen, die sich an der Spitze vereinen und so ein Dreieck bilden, wie man es von den Zugvögeln kennt. Normalerweise schwimmen sie langsam, miteinander spielend, die Flüsse hinauf und machen dabei viel Lärm. Doch wenn sie sich bedroht fühlen, kann das Auge ihnen nicht folgen, so schnell sind sie, schnell wie der Blitz. Weder Wehre noch Stromschnellen können sie aufhalten. Über den Steinen legen sie sich auf die Seite, biegen sich stark wie ein Bogen, schnellen wieder zurück, fliegen in die Luft und über das Hindernis hinweg. Auf diese Weise schwimmen sie die Flüsse hinauf, manchmal bis zu über achthundert Meilen vom Meer entfernt. Der Lachs wird von Oktober bis Februar gefangen.

Gerollter Lachs auf irische Art

Nehmen Sie einen halben Lachs, den Sie entgräten und blanchieren. Die innere Seite bestreuen Sie dann mit einer Mischung aus Pfeffer, Salz, Muskatnuss, einigen gehackten Austern, Petersilie und Semmelbröseln. Nun rollen Sie den Fisch und schieben ihn in einer Auflaufform in den gut vorgeheizten Backofen. Wenn er fertig ist, servieren Sie ihn im eigenen Saft.

Lachs auf Genfer Art

Den Lachs zusammen mit Zwiebelringen, Karottenscheiben, einem Bund Petersilie mit Zipollen, Lorbeerblättern, ein oder zwei Gewürznelken, Salz und feinen Gewürzen in eine Kasserolle legen. Mit Rotwein begießen und darin kochen lassen. Danach durch ein Seidensieb einen Teil der Flüssigkeit in eine zweite Kasserolle gießen und ebensoviel Roux hinzufügen. Zu einer Soße einkochen lassen, etwas Butter hinzugeben, passieren und binden. Den Lachs abtropfen lassen, auf einer Platte anrichten und mit Brotcroûtons servieren.

Lamm

Von Dezember bis April ist Lammfleisch gut; ein Lamm muss mindestens fünf Monate alt und nur mit Milch aufgezogen worden sein.

Dem französischen Namen dieses reizenden kleinen Tieres *(agneau)* gibt man einen ganz poetischen Ursprung; Nach den bukolischen Etymologen kommt dieser Name vom Verbum *agnoscere* (erkennen), weil das noch ganz junge Tier seine Mutter erkennt. Und in der Tat, kaum kann es auf den Beinen stehen, folgt es ihr wankend und blökend. Unnötig zu sagen, dass es sich um das Junge von Schaf und Widder handelt.

Das Lamm war im Altertum und ist heute noch das im Orient begehrteste Fleisch. Die Griechen schätzten es sehr, und es gab bei ihnen kaum ein Fest, bei dem nicht gebratenes Lamm die Hauptspeise war. Einer der Propheten hat den Samaritern vorgehalten, sie würden zu viel davon essen. Lammfleisch ist hell, aber schleimig, und später wurde es dann den Athenern verboten.

In uralten Zeiten, als der Warentausch noch den Handel mit Geld ersetzte, gab Abraham dem König Abimelech sieben Lämmer als Zeichen für den Bund, den sie miteinander geschlossen hatten. Jakob gab den Kindern Hemors für einen Acker zweihundert Lämmer.

Großer Lammbraten mit gefüllten Tomaten

Nehmen Sie die Hälfte eines Lamms, den hinteren Teil, rollen Sie ihn zu einem Braten und wickeln Sie ihn in gebuttertes Papier. Am Spieß gut durchbraten, vom Spieß nehmen, anrichten und glacieren. Papiermanschetten auf die Haxen stülpen und mit gefüllten Tomaten und einer Duxellessoße servieren. Dass dem Marschall d'Uxelles die Ehre zukommt, dieser Soße seinen Namen gegeben zu haben, rührt nicht daher, dass er die Schlacht von Roßbach verloren hat wie der Monsieur de Soubise, oder dass er die Schlacht von Fontenoy wie der Monsieur de Richelieu gewonnen hat, zugrunde liegt dem ganz einfach eine Anekdote, die, glaube ich, von Saint-Simon erzählt wurde.

Mademoiselle Choin, die Mätresse des Sohns Ludwigs XIV., hatte ein kleines Hündchen, das sie über alle Maßen liebte, und dieses Hündchen fraß besonders gerne die Köpfe von gebratenen Kaninchen. Jeden Tag erhielt Mademoiselle Choin den Besuch des Marschall d'Uxelles, und bevor er wieder ging, zog er aus seiner Tasche ein strahlend weißes Batisttuch mit zwei gebratenen Kaninchenköpfen darin.

Diese Aufmerksamkeit liebte die gute Mademoiselle ganz besonders, und sie hat nicht wenig dazu beigetragen, dass Monsieur d'Uxelles nach der Übergabe der Stadt Mainz in Gnaden wieder aufgenommen wurde.

Eines schönen Tages starb der Thronfolger, und am nächsten, am übernächsten und an den folgenden Tagen wartete sie vergeblich auf den Marschall. Sie sah weder ihn, noch seine Batisttücher, noch seine Kaninchenköpfe jemals wieder, denn er brachte sie nicht mehr dem Hund der Mademoiselle Choin, sondern dem neuen Thronfolger.

(Eine höchst kuriose Geschichte, doch so steht sie bei Dumas. Der *Larousse gastronomique* verrät uns, dass diese Soße, die hauptsächlich aus geschmorten Champignons besteht und zum Füllen verwendet wird, vom Küchenchef des Marquis d'Uxelles kreiert worden sei.)

Lammbrust auf grünen Johannisbeeren

Zwei Lammbrüste mit einigen Scheiben magerem Kalbfleisch und rohem Schinken schmoren. Nach eineinhalb Stunden herausnehmen, aufwickeln und zwischen zwei Deckeln erkalten lassen, dann in lauwarme Butter tauchen und panieren. Auf kleiner Flamme braten und im Backofen anbräunen lassen. Dieses Entree serviert man auf einem Mus aus grünen Johannisbeeren, das man mit Muskateller und dem Saft unreifer Trauben angerührt hat. (Ein Rezept von Chevriot, dem Koch des Königs Stanislaus Leszczyński.)

Lebensmittel

Was sind Lebensmittel? Volkstümliche Antwort: Alles, was uns ernährt. Wissenschaftliche Antwort: Darunter versteht man alle Substanzen, die durch den Magen verdaut werden können und dazu geeignet sind, das zu ersetzen, was der menschliche Körper verliert.

So muss also ein Lebensmittel zuallererst leicht verdaulich sein. Deswegen auch das Motto unseres Buches:

Man lebt nicht von dem, was man isst, sondern von dem, was man verdaut.

Die drei Reiche der Natur tragen zur Ernährung des Menschen bei: das Reich der Tiere und das Reich der Pflanzen mehr als das dritte, das Reich der Mineralien, das nur Gewürze und Arzneien liefert. Sogar die Luft ist mehr oder weniger von nahrhaften Substanzen erfüllt, je nachdem, ob sie wärmer oder kälter ist.

Generell geht man davon aus, dass die Menschheit aus Indien stammt, so erfüllt von nahrhaften Substanzen ist die Luft, die die Hindus atmen. Das frische Aussehen der Metzger und Metzgersfrauen führt man auf die Ausdünstungen des frischen Fleisches zurück, von denen sie ständig umgeben sind.

Demokrit lebte drei Tage, ohne zu essen, doch ohne dabei Hunger zu verspüren, nur indem er den Duft frischen Brotes einatmete.

Viterby, ein Korse, beschloss, nachdem ihn ein Gericht in Bastia zum Tode verurteilt hatte, Hungers zu sterben, aber wegen der nahrhaften Luft seines Heimatlandes starb er erst am achtundvierzigsten Tag.

Wahr ist allerdings, dass er am dreiundvierzigsten Tag dem Durst nicht widerstehen konnte und ein halbes Glas Wasser trank.

Pflanzliche Nahrung passt mehr zu den warmen Ländern, fleischliche Nahrung zu den kalten Ländern, wo der Mensch viel Kohlenstoff entwickeln muss. Die kriegerischsten und grausamsten Nationen sind die, die sich hauptsächlich von Fleisch ernähren.

Madeleine

Mit diesem ausgezeichneten Gebäck, das voll und ganz den Ruhm verdient, dessen es sich erfreut, ist einem unserer Freunde ein kleines Abenteuer passiert, das wir hier erzählen wollen.

Vor einigen Jahren reiste dieser Freund nach Straßburg, und da er als Tourist unterwegs war, machte er gerne in den Städten und Dörfern, durch die er kam, Station, um sich dort auszuruhen und dann die Sitten und Gebräuche der Einwohner zu studieren.

Eines Tages war er ein wenig spät aufgebrochen, in dem Glauben, er könne die nächste Stadt noch vor der Nachtruhe erreichen, aber wie sehr er sich auch beeilte, er konnte keine Spur irgendeiner menschlichen Behausung entdecken. Endlich, gegen elf Uhr, gewahrte er im Mondschein die dunkle und weit in die Nacht ragende Turmspitze einer Kirche.

Alles war finster und still, kein Licht leuchtete, und unser Reisender machte sich große Sorgen, wo er eine gute Tafel finden könnte, um seinen Magen zu beruhigen, und ein gutes Bett, um seine von den Anstrengungen müden Glieder auszustrecken.

Auf einmal sah er mitten in der Dunkelheit ein Licht, das aus dem Boden zu kommen schien; er näherte sich diesem Lichtstrahl, dem einzigen, den er entdecken konnte und von dem er sich Erlösung versprach. Er klopfte an eine Tür, die sich in seiner Nähe befand und unter der das Licht, das sein Herz klopfen ließ, hervorstrahlte. Zunächst war nur ein Brummeln zu hören.

Er klopfte noch einmal, diesmal fester, und da hörte er eine seltsame Stimme, die von unter der Erde zu kommen schien:

»Wer ist da und was wollen Sie?«

»Ich bin ein todmüder Reisender und sterbe vor Hunger«, antwortete unser Freund, »um Himmels willen, öffnen Sie mir, Sie werden es nicht bereuen.«

Dann hörte er Schritte, die sich der Tür näherten, ein gewaltiger Eisenriegel wurde zurückgeschoben, die Tür öffnete sich, und vor ihm stand ein wild aussehender, ganz mit Mehl bestäubter Mann, dessen wirre Haare und zerzauster Bart noch zu diesem angsteinflößenden Anblick beitrugen; und der Mann war nackt bis zum Gürtel.

»Schnell, beeilen Sie sich«, sagte er zu dem Reisenden mit einer Grabesstimme

Unser Freund fühlte sich überhaupt nicht in Sicherheit, und für einen Augenblick hätte er sich am liebsten umgedreht und an einer anderen Tür geklopft, aber der

Mann hatte den Eisenriegel schon wieder vorgeschoben, und er konnte nicht mehr zurück. Er nahm sich also ein Herz und betrat einen großen Raum, wo ein riesiger beheizter Backofen ausreichte, um alles zu erhellen.

»Verzeihen Sie, Monsieur«, sagte der Reisende ganz höflich, »ich habe sechzehn oder achtzehn Meilen, ohne einen Bissen zu essen, zurückgelegt. Könnten Sie mir, natürlich gegen Bezahlung, etwas besorgen, um meinen Hunger zu stillen, und ein gutes Bett, um mich auszuruhen?«

»Ich habe nur mein eigenes Bett«, antwortete der Mann ruppig, »was das Essen anbelangt, so haben wir genug davon, fragt sich nur, ob es Ihnen zusagt.«

»Alles wird mir zusagen, Hauptsache, ich bekomme etwas zu essen. Schauen wir doch mal, was haben Sie mir anzubieten?«

Der Mann ging zu einem Schrank, öffnete ihn und nahm einen kleinen Korb heraus, in dem sich ungefähr ein Dutzend ovaler Kuchen von schöner goldener Farbe befanden.

»Hier«, sagte er zu dem Reisenden, »greifen Sie zu und sagen Sie mir, was Sie davon halten.«

Er stellte den Korb vor dem Reisenden auf den Tisch, legte die Hände auf die Schenkel und schaute ihn an.

Unser Freund nahm einen Kuchen und biss kraftvoll hinein. In einer Sekunde hatte er ihn ganz verschlungen. Er nahm einen zweiten, dann einen dritten, dann einen vierten, und bei jedem Kuchen, den er verschlang, betrachtete ihn der Mann mit einem zufriedenen Lächeln.

Und als dann kein einziger mehr da war, fragte er:

»Nun, was halten Sie von meinen Madeleines?«

»Zuerst was zu trinken«, erwiderte der Reisende mit völlig ausgetrockneter Stimme.

Der Mann ging wieder zu seinem Schrank, holte eine mit altehrwürdigem Staub bedeckte Flasche heraus, öffnete sie, holte dann zwei Gläser, füllte sie und reichte eines dem Fremden.

»Trinken Sie«, sagte er, »ich will nicht, dass sie an meinen Lieblingen, diesen Kuchen, ersticken.«

Der Fremde leerte das Glas mit einem Zug, es war ein ausgezeichneter Bordeaux, und sagte, indem er das Glas wieder hinhielt:

»Auf Ihre Gesundheit, mein Guter, Sie haben mir gerade eine der delikatesten Mahlzeiten meines ganzen Lebens serviert. Aber sagen Sie, wie nennen Sie diese leckeren Kuchen?«

»Wie, Sie kennen nicht die Madeleines aus Commercy?«

»Ich bin also hier in Commercy?«

»Ja, und Sie haben gerade die besten Kuchen der Welt gegessen.«

Obwohl er nicht ganz die Begeisterung des guten Mannes für seine Kuchen teilte, war der Reisende gezwungen zuzugeben, dass sie ausgezeichnet seien und dass er – Hunger ist der beste Koch – noch nie so gut soupiert habe.

Der Mann bot ihm dann sein eigenes Bett an und sagte, ihm reiche eine Matratze.

Der Reisende weigerte sich zuerst, aber schließlich nahm er das Angebot an. Er ging also zu Bett, schlief auf der Stelle ein und bekam am nächsten Morgen gleich beim Aufwachen ein Frühstück, das noch gehaltvoller war als das Essen am Abend zuvor. Was ihn aber nicht daran hinderte, sich beim Aufbruch mit einer gehörigen Menge Madeleines zu versehen, die ihm der gute Mann aufdrängte, im Gedenken an die Angst, die er ihm zuerst eingejagt, und die schlechte Nacht, die er verbracht habe.

Die Madeleines aus Commercy sind in der Tat sehr berühmt. Man glaubt, dass es König Stanislaus Leszczyński war, der, als er nach Frankreich kam, diesen Ruf begründet habe.

Hier nun das Rezept, es stammt von Madeleine Pommier, einer Hausangestellten und ehemaligen Köchin bei Madame Perrotin du Barmond.

Madeleines à la Madeleine

Reiben Sie auf einen Würfel Zucker die Schalen von zwei kleinen Zedernfrüchten (oder von zwei Zitronen oder bitteren Pomeranzen). Den Zucker dann sehr fein zerstoßen, mit Puderzucker vermischen, davon neun Unzen abwiegen und in eine Kasserolle geben, zusammen mit acht Unzen gesiebten Mehls, vier Eigelb und sechs ganzen Eiern, zwei Löffel Schnaps aus Andaye und etwas Salz; dann alles gut mit einem Holzlöffel verrühren. Wenn der Teig fertig ist, wird er noch eine Minute weitergeknetet. Das muss man genau beachten, wenn man schöne Madeleines bekommen will; andernfalls wäre der Teig zu lange geknetet, er würde beim Backen zu sehr arbeiten, die Madeleines könnten zu fest werden, an den Formen anhängen, zu faserig oder zu hart werden, was diesem Entremets gar nicht gut anstehen würde.

Anschließend in einer kleinen Kasserolle zehn Unzen Butter aus Isigny klären, dabei die Milch, die aufsteigt, immer wieder abschöpfen. Wenn sich keine Blasen mehr bilden, ist der Vorgang abgeschlossen. Dann so in eine andere Kasserolle gießen und mit der Butter, wenn sie etwas erkaltet ist, eine Madeleineform füllen. Die Butter wird dann in eine weitere Form gegossen, dann in die nächste und so weiter, bis acht Formen gebuttert sind. Die übrige Butter zurück in die Kasserolle gießen und damit wieder acht Formen buttern. Das machen Sie noch zwei Mal, sodass Sie also zweiunddreißig gebutterte Formen haben. Nach diesem Vorgang darf man die Formen nicht mehr umstoßen, damit der Rest Butter auf dem Boden stehenbleibt.

Die übrige Butter rühren Sie dann unter den Teig und stellen die Kasserolle auf den nur leicht warmen Herd; dabei müssen Sie immer wieder vorsichtig umrühren, damit die Mischung nicht anhängt. Wenn die Mischung dann flüssig zu werden beginnt, nehmen Sie sie vom Herd, damit sie nicht zu warm wird. Dann die Formen mit jeweils einem Löffel Teig füllen und bei mäßiger Hitze in den Backofen schieben.

Mandeln (süß, bitter)

In Frankreich heißen viele Kerne mit einer harten Schale Mandeln. Man spricht von Aprikosenmandeln, Pfirsichmandeln usw. Hier geht es aber um die Frucht des Mandelbaums, der in Italien, in der Provence, im Languedoc, in der Touraine und in Afrika wächst. Das darin enthaltene Öl schlägt schnell um und enthält Bitterstoffe. Die Mandeln selbst sind beruhigend, erfrischend, nahrhaft und stillen den Husten. Nur alte Mägen sollten sich nicht die Mühe machen, Mandeln in großer Menge zu verdauen. Die Haut der alten Mandeln ist dagegen mit einem bitteren Staub überzogen, der den Hals reizt, Husten verursacht und die Mandeln weniger leicht verdaulich macht.

Bittere Mandeln können nicht in großen Mengen gegessen werden, sie enthalten eine Säure, die als Blausäure oder als Hydrozyanid bekannt ist; es handelt sich um das schnellste und stärkste Gift. Gibt man nur einen Tropfen Blausäure auf die Zunge oder das Auge eines Ochsen, fällt er augenblicklich tot um. Blausäure wird hauptsächlich aus Pfirsichkernen gewonnen. Kommt es bei einem Vergiftungsfall mit Blausäure nicht zum rasend schnellen Tod, sei es wegen der Verdunstung oder aus einem anderen Grund, muss man dem Kranken ein Eisenpräparat verabreichen. Das gleiche gilt nach dem Genuss von zu vielen bitteren Mandeln. Für die folgenden Rezepten nimmt man also vorwiegend süße Mandeln.

gebrannte Mandeln (amandes pralinées)

Die französische Bezeichnung stammt von der Maréchale de Praslin, deren Küchenchef diese Leckerei erfunden hat. 500 Gramm Mandeln, 500 Gramm Zucker und ein Glas destilliertes Wasser in eine tiefe Pfanne geben und alles zusammen zum Kochen bringen, bis die Mandeln zu prasseln beginnen. Den Topf vom Feuer nehmen und rühren, bis kein Zucker mehr an den Mandeln kleben bleibt. Den übrigen Zucker abgießen und die Pfanne wieder aufs Feuer stellen; umrühren, bis die Mandeln von einer weiteren Zuckerschicht überzogen sind. Die Mandeln anschließend trocken lagern. Gebrannte Pistazien und Lambertsnüsse werden genauso zubereitet und ebenfalls an einem trockenen Ort aufbewahrt.

Mandelplätzchen

Man nehme 250 Gramm süße Mandeln, 30 Gramm bittere Mandeln, 60 Gramm Mehl und ein Kilogramm Puderzucker. Zerschlagen Sie ein Dutzend Eier, geben Sie die Eiweiß in eine Tasse und die Eigelb in eine andere. Die Mandeln schälen, zerstoßen und zwei Eiweiß unterrühren. Das übrige Eiweiß zu Schnee schlagen, in einer anderen Schüssel die Eigelb mit der Hälfte des Zuckers verrühren, dann die Eigelb und den Eischnee mit den Mandeln zu einem Teig verarbeiten; zuletzt den restlichen Zucker mit dem Mehl mischen.

Papierförmchen falten und mit dem Teig füllen, den mit dem Mehl vermischten Zucker durch ein Sieb wie feinen Regen darüber streuen, die Plätzchen dann bei mittlerer Hitze backen.

Plätzchen aus Lambertsnüssen, Pistazien, Schokolade und glacierten Maronen sowie Rum-, Orangen-, Zitronen-, Ananasplätzchen und schließlich auch Plätzchen mit gesalzener Sahne werden genauso zubereitet. (Rezept von Monsieur de Courchamps.)

Schwerer Mandelkuchen

Mischen Sie ein Kilogramm geschälte, gewaschene und zerstoßene süße Mandeln mit 15 Gramm bitteren Mandeln. Fügen Sie hinzu: kandierte Zitronenschalen, Engelwurz, kandierte Orangenblüten, eine Prise Salz, ein Kilogramm Zucker, siebzehn Eigelb, aber nur fünf Eiweiß. Gut durchrühren, die Kuchenform buttern, den Teig einfüllen und mit einem gebutterten Papier bedecken, dann bei milder Hitze backen.

Monsieur de Courchamps gibt hierzu den Rat – und ich kann dem Leser nur empfehlen, ihm zu folgen –, zu diesem Zwischengang eine flüssige Creme zu reichen, die aus Eigelb und Mandelmilch angerührt und im Wasserbad erhitzt wird.

Mehlschwitze à la française

In eine Kasserolle ein Pfund Butter oder mehr geben, schmelzen, aber nicht anbräunen lassen. Ganz weißes und bestes Weizenmehl durch ein Sieb darüber streuen, und zwar so viel, wie die Butter aufnehmen kann (man nimmt so viel, wie man gerade braucht). Die Mehlschwitze muss die Konsistenz eines leicht festen Teigs annehmen. Anfangs auf hoher Flamme unter ständigem Rühren erhitzen. Wenn die Masse gut warm ist und anfängt, braun zu werden, stellt man die Kasserolle auf warme Asche unter den heißen Herd, sodass die glühende Asche vom Herd auf den Deckel der Kasserolle fällt. Alle sieben bis acht Minuten gut durchrühren, bis sie schön braun geworden ist. So wird Ihre Mehlschwitze nicht so leicht bitter, wie das oft der Fall ist.

Nierchen

Unter dieser Bezeichnung sind die Nieren der Tiere in die Kochkunst eingegangen; der leichte Uringeschmack, der sie auszeichnet, ist genau das, was die Liebhaber dieser Speise besonders mögen.

Das Fleisch der Nieren ist so beschaffen, dass es beim Kochen niemals mürbe wird; Nieren sind normalerweise von weicher, kompakter Substanz, die schwer verdaulich ist und zu Verstopfung führt. Es gibt allerdings einige junge Tiere, deren Nieren zart genug und von gutem Geschmack sind, so zum Beispiel die vom Lamm, vom Kalb, vom Spanferkel und einigen anderen Tieren.

Rindernieren haben nicht selten Steine, und ihr Geschmack ist ziemlich streng, sodass wir unseren Lesern raten, nicht so oft und nicht so viel davon zu essen.

Hammelnierchen nach Art der Musketiere

Die Nieren vom Fett befreien, in zwei Teile schneiden, auf Spieße stecken, salzen und pfeffern und ein paar fein gehackte Schalotten darüber streuen. Eine Kasserolle mit Butter, Schmalz oder Fett einreiben und die Nierenspieße hineinlegen. Kurz aufs Feuer oder in die heiße Asche stellen, Asche oder heiße Kohlen auch auf dem Deckel verteilen, sodass wir Hitze von oben und unten haben. Nur für einen kurzen Augenblick, das reicht, um sie zu garen. Die Spieße dann auf einer Platte beiseite stellen. In die Kasserolle etwas Wasser, Semmelbrösel, Salz, Pfeffer sowie einen Schuss Essig geben. Diese Soße über die Nierchen gießen und als Vorspeise servieren.

Kalbsnierchen in Weißwein

Die Nierchen enthäuten und in feine Scheiben schneiden. In einer Kasserolle in etwas Butter und zerlassenem Speck anbraten, würzen mit Salz, Pfeffer, einer Schalotte, Petersilie und Trüffeln, alles fein gehackt. Wenn die Nierchen gar sind, stellt man sie auf einem Teller beiseite und gießt ein halbes Glas Weißwein zur entstandenen Brühe. Zur Hälfte einkochen lassen, etwas Coulis hinzufügen und einen Augenblick lang kochen lassen. Anschließend geben Sie die Nierchen in die Soße, lassen alles noch ein wenig köcheln und rühren etwas Zitronensaft darunter. Dann werden die Nierchen auf einer Platte angerichtet.

Omelett mit Tomaten auf provenzalische Art

Besorgen Sie sich drei oder vier sehr reife Tomaten mit festem Fleisch und vierteln Sie diese. Lassen Sie in einer kleinen Kasserolle zwei Esslöffel fein gehackte Zwiebeln in Öl und Butter anschwitzen, und wenn sie leicht braun sind, geben Sie die Tomaten dazu. Alles bei großer Flamme einkochen lassen und würzen. Zuletzt geben Sie einen Esslöffel fein gehackte Petersilie und die Spitze einer Knoblauchzehe hinzu. Acht oder zehn Eier in eine Schüssel geben, würzen und schlagen. Lassen Sie dann Öl in einer kleinen Omelettpfanne heiß werden, geben Sie die geschlagenen Eier hinzu, wenden Sie die Masse mit einem Löffel und schieben Sie sie auf die dem Pfannenstiel entgegengesetzte Seite. Verteilen Sie die Tomaten auf dem Omelett und rollen Sie es wie einen Mantelsack zusammen, wobei die Seiten gut geschlossen sein müssen. Geben Sie dann alles auf eine kleine längliche Platte.

Manche vermischen zuvor die Eier mit den gekochten Tomaten, doch durch ihre Säure kann es geschehen, dass die Eier beim Braten umschlagen oder ausflocken. Es ist also geschickter, sie erst später zu vermischen.

Petersilie

Die Petersilie ist das obligate Kraut für alle Soßen. »Petersilie«, sagt der gelehrte Verfasser des *Traité des plantes usuelles* (der ›Abhandlung von den Nutzpflanzen‹), »macht die Speisen gesünder, wohlschmeckender, Petersilie ist appetitanregend und fördert die Verdauung.« Bose hält noch viel mehr von diesem Kraut: »Dem Koch die Petersilie wegzunehmen«, schreibt er, »heißt fast, ihn an seiner Kunst zu hindern.«

Petersilie gehört, wir wiederholen es, in alle Ragouts und Soßen, aber für zwei Gerichte ist sie die Hauptzutat: für den Watterfisch und die Kräuter-Hollandaise mit Petersilie.

Pflaume

Die Pflaumen wurden von den Kreuzrittern zu uns aus Syrien und Damaskus gebracht, und ihre verschiedenen Namen haben, wie man sich denken kann, eine Bedeutung. So verdanken die Renekloden, die grünen Pflaumen, ihren Namen der Reine Claude, der Königin Claude; sie war die Tochter Ludwigs XII. und die erste Frau Franz I. Man kann nachlesen, dass diese gute Königin Claude »diesen Baum in ihren Garten pflanzen ließ, um von seinen Früchten allen anzubieten«. Die Mirabellen hat der König René zuerst in die Provence und dann nach Lothringen gebracht. Und diejenigen, die man in Frankreich Monsieur nennt, verdanken ihren Namen Monsieur, dem Bruder Ludwigs XIV., der sie sehr mochte und nicht genug davon bekommen konnte.

Die Pflaumen sind herrliche Früchte, zuckersüß und nahrhaft. Alle Sorten sind etwas säuerlich, sodass man aus ihnen ein vergorenes Getränk herstellen kann, das weitaus besser ist als das, das die Bauern in einigen unserer Departements trinken. Bei einigen Sorten verbindet sich das Süße mit einem leicht bitteren Geschmack, der beim Kochen verschwindet. Da diese Sorten aber auch aus sehr viel saftreichem Gewebe bestehen, kann man aus ihnen durch einen nicht ganz abgeschlossenen Trocknungsprozess die besten Backpflaumen herstellen. Aus Pflaumen kann man herrliche Kompotts, Konfitüren, Marmeladen, ein wunderbares Mus, Liköre und Puddings machen.

Pot-au-feu

Als Rivarol eines Tages mit Feinschmeckern aus den drei freien Hansestädten Lübeck, Bremen und Hamburg speiste und er das Gesicht verzog, als er eine (ich weiß nicht welche) teutonische Suppe probierte, wollte einer seiner Tischgenossen wissen, woher denn diese Kontraktion der Gesichtsmuskeln komme, vor allem die des Trompetenmuskels.

»Meine Herren«, antwortete er, »wenn ich beim Probieren Ihrer Suppe mein Gesicht verzogen habe, so war das nicht recht, denn die französische Höflichkeit verlangt, dass ich sie ausgezeichnet finde. Aber da es nun einmal geschehen ist, lassen Sie mich Ihnen eine große Wahrheit verraten: Es gibt in Frankreich keine Krankenpflegerin und keine Concierge, die keine bessere Bouillon als der geschickteste hanseatische Koch zubereiten könnte.«

Nehmen Sie das kräftigste Stück Fleisch, das Sie verarbeiten können; da die Bouillon sich im Winter drei oder vier Tage, im Sommer zwei Tage hält, ist das am besten, und Sie können so sparen, nicht zuletzt am Brennstoff.

Die Spitze des Hinterviertels ist ein ausgezeichnetes Stück, vorausgesetzt, dass hier mageres und fettes Fleisch ausgewogen verteilt sind.

Das Fleisch muss so frisch und so wenig ausgeblutet wie möglich sein; wählen Sie ein dickes Stück, ein dünnes würde beim Kochen zu sehr ausgelaugt. Waschen Sie es nicht, Sie würden dabei einiges an Saft einbüßen. Schneiden Sie die Knochen heraus und binden Sie es dann zusammen, damit es beim Kochen nicht die Form verliert. Geben Sie es nun in einen großen Kochtopf, und zwar mit einer Pinte Wasser pro Pfund Fleisch.

Wir haben Ihnen geraten, die Knochen herauszuschneiden, aber nicht um den Pot-au-feu der Knochen zu berauben, ganz im Gegenteil, wir legen sie zunächst einmal zur Seite. Allerdings werden sie dann mit einem Holzhammer zertrümmert; je kleiner man die Knochen zerschlägt, desto mehr Gelatine geben sie. Dann füllt man sie in einen Roßhaarsack, zusammen mit allen Hühner-, Kaninchen-, Rebhuhn-, Taubenresten, die vom Vortag in der Speisekammer zu finden sind.

Jetzt können Sie Ihren Kochtopf aufs Feuer stellen. Sicherlich wissen Sie, dass ein irdener Topf besser als einer aus Eisen ist. Ganz langsam erhitzen, denn andernfalls würde das Eiweiß im Innern gerinnen, das Osmazom könnte sich nicht auflösen, und Sie bekämen eine Bouillon ohne Saft und Kraft. Wenn die Suppe zu kochen beginnt, muss der Schaum gut abgeschöpft werden. Dann geben Sie je nach Menge drei oder vier Karotten, drei oder vier Rübchen, zwei Pastinaken und einen Bund Sellerie und Lauch hinein; und zuletzt noch drei Zwiebeln, von denen eine mit einer Knoblauchzehe und die beiden anderen jeweils mit einer Gewürznelke gespickt sind.

Wenn Sie, nach Lust und Laune oder aus Gewohnheit, ein Stück Hammel- oder Kalbfleisch mit hinzugeben, dann vergessen Sie ja nicht, dieses Fleisch vorher zu braten oder zu grillen.

Sieben Stunden muss die Suppe auf jeden Fall leicht köcheln, um das beste Resultat zu erreichen.

Unsere Concierges haben für diese Zeit einen der ausdrucksstärksten Begriffe: den Pot-au-feu *lächeln lassen (faire sourire le pot-au-feu).*

Punsch

Im Vergleich zum Schnaps, also zum Rum, zum Kirsch, zum Branntwein, ist der Punsch nichts anderes als eine dieser Alkoholsorten, der man Zucker, einige Zitronenscheiben, Muskat und Zimt beifügt; dann wird der Alkohol entzündet, wodurch diese ausgezeichnete Komposition entsteht. Unsere Nachbarn, die Engländer, mögen den Punsch ganz besonders. Das versteht man erst richtig, wenn man an den Punsch denkt, den Sir Edward Russel, der Oberbefehlshaber der britischen Streitkräfte, am 25. Oktober 1694 kredenzte. Dieser Punsch wurde in dem größten Gefäß, von dem man jemals gehört hat, nämlich im Marmorbassin seines Gartens, angesetzt: vier Fässer Schnaps, acht Fässer klares Wasser, fünfundzwanzigtausend Limonen, achtzig Pinten Zitronensaft, dreizehn Zentner Zucker aus Lissabon, fünf Pfund Muskat, dreihundert zerstoßene Biskuits und dann noch ein großes Fass Malagawein wurden in dieses Bassin gegossen, über das man gegen den Regen einen Baldachin errichtet hatte. Man hatte aus Rosenholz ein kleines Boot gebaut, und darin ruderte ein elegant gekleideter Schiffsjunge, der zur Flotte gehörte, über den Punsch und bediente die Gesellschaft, die aus über sechstausend Menschen bestand.

Dieses Getränk wird normalerweise warm getrunken, und lange Zeit war ein Glas mit brennendem Punsch in England der letzte und unerlässliche Gang bei einem wohl komponierten Mahl. Dieses Getränk ist sehr stärkend und schmeckt angenehm; es empfiehlt sich nach großen Anstrengungen, um die durch Feuchtigkeit, Kälte oder Regen eingeschränkte Transpiration wiederzubeleben. Man kann ohne Bedenken mehrere Gläser davon trinken.

Nach dem Wörterbuch von Trévoux ist der Punsch uns seit 1763 unter der Bezeichnung *bonne ponchehei* bekannt. Damals wurde er aus einem Schoppen Schnaps, einer Pinte Limonade und einem Pfund Kassonade gemischt, hinzu kamen geriebene Muskatnuss und gerösteter und zerstoßener Schiffszwieback; aber dieses Getränk kannten nur die Matrosen unserer Handelsflotte.

Hier nun das, wie wir meinen, beste Rezept für einen Punsch auf französische Art:

In ein Gefäß gibt man eine Flasche alten Jamaikarum, zwei Pfund doppelt raffinierten Zucker und grobgemahlenen Pfeffer. Den Alkohol dann anzünden und den Zucker mit einem Spatel gut verrühren, damit er in dem brennenden Rum karamellisiert. Nachdem die Flüssigkeit zu einem Drittel eingekocht ist, gießt man zu dem gezuckerten Rum vier Pinten kochend heißen Souchongtee und den Saft von acht Zitronen und zwölf gut reifen Orangen. Gießen Sie zuletzt noch etwa eine Viertelpinte weißen Arak aus Batavia hinzu und servieren Sie mit diesem Punsch, der sehr heiß sein muss, um seine volle Wirkung zu entwickeln, einen Korb mit Mandelmakronen oder andere trockene, aus feinem Teig gebackene Kuchen.

Rahm, Creme

Als Rahm bezeichnet man diese Art Haut, die sich vor oder nach dem Kochen auf der Milch bildet. (Die sich beim Kochen bildende Haut wird im Deutschen allerdings nicht so bezeichnet.) Er besteht aus Molke und etwas Käse und Butter im emulgierten Zustand. Man benutzt ihn kaum als Lebensmittel, da er so viel Butter enthält, die den Magen schwer belasten würde und zu Übelkeit und Erbrechen führen könnte. In Roquefort allerdings gibt es einen Käse mit dem Namen Crème de Roquefort, der aus ungeschlagener Dickmilch hergestellt wird. Er wird leicht schlecht und kann nicht transportiert werden.

Man spricht auch von Creme und bezeichnet damit verschiedene Speisen, die hauptsächlich aus Milch zubereitet werden, die zum Kochen gebracht wird. Hier drei Rezepte:

Geschlagene Creme auf Bäuerinnenart

Nehmen Sie eine bestimmte Menge Rahm, den Sie zur Hälfte einkochen lassen, dabei müssen Sie Zucker beigeben und eine gute Messerspitze *Gummi arabicum*, der zuvor in Orangenblütenwasser aufgelöst wurde.

Dann alles zu Schaum schlagen.

Wenn Sie die Creme länger aufbewahren wollen, stellen Sie die Schüssel in ein Gefäß mit gestoßenem Eis und darauf einen Teller, auf dem Sie ebenfalls gestoßenes Eis verteilen.

Champagnerweincreme

Man braucht dazu Rosé-Champagner, Zucker, abgeriebene Zitronenschale oder Zimt. Die Zutaten zusammen aufkochen. Dann vermischt man einige Eigelb mit etwas Wein und gießt sie nach und nach in die Flüssigkeit, dabei alles auf dem Herd immer weiter rühren, aber nicht kochen lassen. Zum Schluss durch ein Sieb in eine Schüssel geben.

Zabaione

Zutaten: zwölf Eigelb, eine halbe Flasche Madeira oder Malvasier, 50 Gramm Zucker und Zimtpulver. Aufkochen lassen, gut rühren, bis Schaum entsteht; warm in kleinen Schüsselchen servieren.

Reh

Kleine Spezies aus der Familie des Hirsches, dem es sehr ähnelt, aber es ist eleganter, flinker und lebendiger. Das Reh ist ein sehr wildes und schwer zu zähmendes Tier. Man hat versucht, ganz junge Tiere an den Menschen zu gewöhnen, aber bei der ersten Gelegenheit kam ihr ungestümes und freiheitsliebendes Temperament zutage, und diejenigen, die sie nicht leiden konnten, hatten unter ihren gefährlichen Kapriolen zu leiden.

Man errechnet das Alter eines Rehbocks wie beim Hirsch an der Anzahl der Enden seines Gehörns. Um zartes und saftiges Fleisch zu haben, muss man ein Reh zwischen achtzehn Monaten und drei Jahren nehmen; sein Fleisch ist dann ausgezeichnet, aber das hängt auch von seinem Lebensraum ab. Die besten Rehe kommen aus den Cevennen, den Ardennen, aus der Rouergue und dem Morvan. Das beste Fleisch ist ohne Zweifel das des Rehkitz, wenn es gerade einmal neun oder zehn Monate alt ist. Hier nun zwei Rezepte, um dieses weitbekannte und von allen Jägern begehrte Wild zuzubereiten.

Rehbraten aus dem Hinterblatt

Das Fleisch in einer Beize aus feinem Rotwein, Petersilie, Gewürzen und einigen Zwiebelringen einlegen.

Dann das Filet und die Keule häuten und mit feinem Speck spicken. Das Fleisch in gebuttertes Papier wickeln und braten. Im Ganzen servieren, zusammen mit einer Pfefferbrühe.

Rehpfeffer

Zwei Bruststücke mit grobem Speck spicken und mit Petersilie und zerlassenem Speck in eine Kasserolle geben; zusammen mit einem Kräutersträußchen, Salz, Pfeffer, Lorbeer und einer grünen Zitrone schmoren. Wenn das Fleisch gut durch ist, machen Sie eine Soße, die Sie mit geröstetem Mehl, einem Spritzer Essig, einer Handvoll Kapern und einigen entsteinten Oliven anrühren und binden. Mit Croûtons servieren.

Remoulade

Soße, zubereitet aus Sardellen, Kapern, gehackter Petersilie und gehackten Zipollen. Alles wird mit einem guten Jus, einem Tropfen Öl, einer Knoblauchzehe und den gewohnten Gewürzen gut verrührt.

Remoulade auf provenzalische Art

Hacken Sie Petersilie, zwei Schalotten und eine kleine Zwiebel und pressen Sie alles in einem Tuch, um die Flüssigkeit aufzusaugen. Dann werden Cornichons, Kapern und Sardellen ebenfalls fein gehackt und alle Zutaten in einem Mörser zerstampft, zusammen mit vier harten Eigelb, etwas blanchierter Petersilie, Knoblauch und einem rohen Eigelb. Anschließend wird Tropfen für Tropfen etwa ein Glas Öl unter ständigem Rühren hinzugegeben. Würzen und gut durchmischen mit Salz, Pfeffer, Senf, einem kleinen Löffel gutem Estragonessig und Zitronensaft.

Rind

Man beklagt den Niedergang der Kochkunst, doch das ist eher das Werk der Herren als das ihrer Bediensteten. Früher riefen die großen Feinschmecker, wie zum Beispiel der Marschall de Richelieu, der Herzog de Nivernais oder der Graf d'Escur, einmal im Monat ihre Haushofmeister zu sich, um von ihnen zu erfahren, wie es um die Neuheiten der Kochkunst bestellt sei. Die lehrreichen Gespräche zwischen Herr und Diener brachten die Kochkunst mit gewaltigen Schritten voran, indem sie den Herrn mit der großen Praxis und den Diener mit der großen Theorie konfrontierten. Wenn der Herzog de Nivernais gezwungen war, die Küchenchefs zu wechseln, oder wenn diese Neuerungen entdeckt hatten, die ihm annehmbar erschienen, war er so geduldig und gewissenhaft, sich diese Neuheit acht Tage hintereinander servieren zu lassen, um sie durch ständiges Probieren zur höchsten Vollkommenheit zu führen. Er hatte einen so feinen und erfahrenen Gaumen, dass er herausschmecken konnte, ob das weiße Fleisch eines Flügels von der Seite, wo die Galle liegt, stammte. Was den Monsieur de Richelieu betrifft, so kannte er sich in der Küchenpraxis besser aus als der beste Haushofmeister. In zwei von drei Fällen beweist eine Anekdote oft mehr als eine Regel.

Es war während des hannoveranischen Krieges, als das Land um das Lager des französischen Heeres im Umkreis von achtzig Kilometern vollkommen ausgeplündert war. Man hatte alle Fürsten und Fürstinnen von Ostfriesland gefangen genommen, insgesamt fünfundzwanzig Personen, wozu noch eine stattliche Anzahl von Ehrenfräulein und Kammerherren hinzukam. Der Marschall de Richelieu hatte beschlossen, sie laufen zu lassen, doch zunächst stellte er sich vor, ihnen ein Souper zu servieren, was die Küchenoffiziere zur Verzweiflung brachte.

Aber wenn Monsieur de Richelieu sich etwas in den Kopf gesetzt hatte, musste dies auch durchgeführt werden. Er ließ alle Küchenoffiziere antreten.

»Was haben Sie in der Küche?«, fragte er.

»Nichts, Monseigneur.«

»Wie, nichts?«

»Überhaupt nichts.«

»Aber noch gestern habe ich zwei Hörner vor meinem Fenster vorbeispazieren sehen.«

»Das stimmt, Monseigneur, es gibt einen Ochsen und etwas Wurzelgemüse. Aber was wollen Sie damit schon anfangen?«

»Was ich damit anfangen will? Aber Pardieu! Ich will daraus das Schönste aller Soupers zubereiten.«

»Aber Monseigneur, das ist vollkommen unmöglich!«

»Vollkommen unmöglich! Ach was! Rudière, notieren Sie die Speisenfolge, die ich Ihnen diktieren werde, um diesen gottverlassenen Dummköpfen ihr Handwerk vorzukauen. Sie wissen doch, wie man eine Speisekarte gestaltet, Rudière?

»Aber, Monseigneur, ich gebe zu ...«

»Lassen Sie mich an Ihren Platz und geben Sie mir Ihre Feder!«

Und so kam es, dass der Generalissimus den Platz seines Sekretärs einnahm und ein klassisches Souper improvisierte, das in die Sammlung von Monsieur de la Poupelinire aufgenommen wurde. Und hier ist es, wie es unter »Vermischtes« in die Annalen der Geschichte eingraviert wurde.

Speisenfolge für ein erlesenes Diner nur vom Ochsen

Tafelaufsatz

- Die große goldene Platte mit dem König zu Pferde
- Die Statuen von Du Guesclin, Dunois, Bayard und Turenne

- Mein goldenes Tafelgeschirr mit dem eingearbeiteten Wappen

Erster Gang

- Gratinierter Fleisch- und Gemüsetopf mit Rindsconsommé
- Vier Hors-d'œuvre
- Gaumen von unserem Ochsen auf die Art von Sainte-Menehould
- Kleine Hackfleischpastetchen von der Lende mit Schnittlauch
- Ochsennieren mit frittierten Zwiebeln
- Kutteln vom Fettdarm in Buttertunke mit Zitronensaft

Zwischengang

- Schwanzstück vom Ochsen im eigenen Saft mit Wurzelgemüse
  (Stellt grotesk eure Wurzeln zur Schau, wegen der Deutschen!)

Sechs Entrees

- Ochsenschwanz mit Maronenpüree
- Ochsenzungenpfeffer auf Burgunder Art
- Geschnetzelte Ochsenlider mit eingelegten Kapern der Kapuzinerkresse

- Geschmorte Ochsennuss mit Sellerie
- Geröstete Brotscheiben mit Ochsenmark (Kommissbrot eignet sich dafür genauso gut)

Zweiter Gang

- Gebratenes Rückenstück (übergießt es mit flüssigem Mark)
- Ochsenzungen-Endivien-Salat
- Ochsenschmortopf mit hellem Aspik und Pistazien
- Kalte Ochsenpastete mit Blut und Wein aus Jurançon (macht hier keinen Fehler)

Sechs Entremets

- Glasierte weiße Rübchen mit Ochsenbratensaft
- Ochsenmarktorte mit Brotbröseln und karamellisiertem Zucker
- Aspik aus Ochsenjus mit kandierter Zitronenschale
- Artischockenpüree mit Bratensaft und Mandelmilch
- Ausgebackenes Ochsenhirn in einer Marinade aus dem Saft bitterer Pomeranzen
- Ochsensülze mit Wein aus Alicante und Mirabellen aus Verdun

Und danach alles, was wir noch an Konfitüren und Eingemachtem zu bieten haben. (Wenn durch einen unglücklichen Zufall dieses Mahl nicht ganz exquisit sein sollte, werde ich vom Sold der Herren Maret und Rouquelère hundert Pistolen einbehalten. Nun, frisch ans Werk und zaudert nicht!)

Monsieur Vuillemot, der diese Anekdote gerne erzählt, vergisst nie dabei, sie mit gelehrten Kommentaren auszuschmücken.

Nach der Meinung dieses geschickten Wundarztes ist die Marktorte, die der galante Marschall verlangt, ein ketzerisches Gericht; die Ochsenhaxe in Buttertunke fehlt zu Unrecht in diesem Menü; das ausgebackene Ochsenhirn ist ein Hors-d'œuvre und darf niemals, auch nicht auf Wunsch des mächtigen Herzogs, als Entremets serviert werden. Monsieur Vuillemot gibt außerdem zu bedenken, dass, sehr zum Schaden dieses Ochsenmenüs, Kutteln »à la mode de Caen« (vgl. Rezept S. 109) im 18. Jahrhundert noch nicht bekannt waren.

Geschmorte Rinderfilets in Madeira

Schneiden Sie Ihr Filet in vier- bis fünf Finger dicke Scheiben, die Sie dann leicht andrücken, sodass sie eine runde Form erhalten. In einem Schmortopf Butter erhitzen und die Scheiben hineingeben. Salzen und pfeffern und bei mittlerer Hitze schmoren. Wenn die eine Seite von schöner Farbe ist, drehen Sie die Scheiben um und lassen sie von der anderen Seite bräunen. Die Scheiben werden dann auf einer Platte angerichtet (und warm gestellt). Die Butter wird abgegossen und der Bratensatz mit etwas Madeira gelöst und mit einem Löffel spanischer Soße vermischt. Alles einkochen lassen, über die Filets gießen und servieren.

Bœuf à la mode, à la bourgeoise

Nehmen Sie dazu vorzugsweise ein Stück aus dem hinteren Viertel oder ein gut durchwachsenes Stück. Spicken Sie es mit grobem Speck und geben Sie es in eine Terrine, zusammen mit zwei Karotten und vier Zwiebeln, von denen eine mit zwei Gewürznelken gespickt ist, Knoblauch, Thymian, Lorbeer, Salz und Pfeffer. Über alles gießen Sie dann ein großes Glas Wasser und ein halbes Glas Weißwein oder einen Esslöffel Branntwein. Dann schmoren lassen, bis das Fleisch sehr zart ist. Das Fett abschöpfen, den Jus durch ein Sieb streichen und servieren. Ein gutes Bœuf à la mode braucht fünf bis sechs Stunden.

Rübchen in vornehmer Gesellschaft

Auch die Gemüsesorten haben ihre Adelshierarchie und ihre Privilegien: Allgemein anerkannt ist, dass die besten weißen Rübchen, die man überhaupt anbauen kann, die aus Cressy, Belle-Île-en-Mer und Meaux sind. Aber entweder aufgrund von Beziehungen oder kaufmännischem Geschick sind es die Rübchen aus Freneuse und aus Vaugirard, die nach Paris geliefert werden.

Das erste Rezept, das uns dazu einfällt, sind die Rübchen à la d'Esclignac. Was hat Monsieur d'Esclignac die Ehre verschafft, seinen Namen einem Rübchenrezept geben zu dürfen?

Es ist höchst kurios, wenn man in diesem Zusammenhang die Kochbücher und die seltsamen Phantasien ihrer Verfasser studiert und erkennt, welche Soßen, Grillgerichte und Braten sie mit den Namen großer Männer versehen haben. Hier sind nur einige, die wir unter dem Stichwort »potage« (Suppe) finden:

Potage à la Demidoff
Potage à la John Russell
Potage à la ville de Berlin

Potage à la Wilhelm Tell
Potage à la Dumas
Potage à la Rothschild

Und wenn wir dann zu den Vorspeisen und anderen Gerichten kommen, finden wir unter anderem die folgenden Bezeichnungen, ohne dass wir wissen, warum diese Gerichte so genannt wurden:

Soufflés à la Marc Aurèle
Petits soufflés à la Cellini
Steinbutt à la Lord Byron
Poularde à la Dame aux camélias
Poularde au Prince Albert
Kalbskotelett au doge de Venise
Rinderfilet à la Jules César
Spanferkel à la Washington
Kalbskopf à la Girardin
Lachs à la Don Juan
Austerntimbale à la Raphael
Wildschweinkopf à la Machiavelli
Hummer à la Borgia
Wildpastete au Grand Frédéric
Gans à la Nelson

Diese Liste aus diesem historischen Kochbuch ließe sich noch fortsetzen. Es ist ein ausgezeichnetes Kochbuch, und wir werden es uns nicht verkneifen, natürlich mit genauer Quellenangabe, einige dieser seltsamen Rezepte daraus zu entnehmen.

Glacierte Rübchen

Wir brauchen gleich große Rübchen, die in Birnenform geschnitzt werden können; blanchieren und abtropfen lassen. Den Boden einer Kasserolle, in der alle Rübchen nebeneinander Platz haben, mit Butter einreiben. Die Rübchen darin anrichten und in Butter und Zucker anschwitzen lassen. Gute Bouillon zugießen und zerstoßenen Zucker darüber streuen; hinzu kommen außerdem eine Prise Salz und ein Stückchen Zimtstange. Die Rübchen mit gebuttertem Backpapier bedecken und die Kasserolle an den Rand des heißen Herdes stellen. Auf den Deckel glühende Kohlen legen. Wenn die Rübchen gar sind, den Deckel abnehmen, die Rübchen schwenken und auf einer Platte anrichten. Geben Sie nun etwas Bouillon in Ihre Kasserolle, um die Glace zu lösen, anschließend den Zimt herausnehmen und die Glace über Ihre Rübchen wie über einen Kompott gießen.

Jetzt wird mir klar, dass es ungerecht war, die Rübchen à la d'Esclignac zu überspringen, sie waren doch der Grund für unsere lange Abschweifung. Aber ich werde das hier gleich wieder gutmachen:

Rübchen à la d'Esclignac

Wir nehmen vier oder fünf Zoll lange Rübchen, schneiden die beiden Enden ab und halbieren sie. Jede Hälfte wie ein Stück Tau zuschneiden und mit der Messerspitze die für ein Tau typischen Rillen einritzen. Blanchieren und wie beim vorigen Rezept in einer Kasserolle anrichten, würzen und genauso garen, allerdings ohne Zimt. Wenn die Rübchen durch sind, etwas spanische Soße zugeben, um die Glace abzulösen. Noch etwas Butter hinzufügen und die restliche Soße über die Rübchen gießen.

Soße

So bezeichnet man die flüssigen Beilagen, die man mit Salz und feinen Gewürzen zubereitet, um den Geschmack einiger Gerichte zu verfeinern.

Es gibt hierfür ganz unterschiedliche Zubereitungsarten; hier die Rezepte von den Soßen, die in der Küche am häufigsten Verwendung finden.

Große Soße

Eine Kasserolle buttern und mit Schinkenscheiben auslegen. Kalbfleisch in Stücke schneiden und auf dem Schinken verteilen, die Menge richtet sich nach der Größe Ihrer Kasserolle. Bouillon darüber gießen, sodass das Fleisch fast bedeckt ist. Hinzu kommen zwei geschälte Karotten und eine große Zwiebel, die man wieder herausnimmt, wenn sie weichgekocht ist. Wenn das Kalbfleisch Glace gebildet hat, reduzieren Sie das Feuer unter der Kasserolle und häufen glühende Asche drumherum, um die Glace eindicken zu lassen. Wenn die Glace ihre Färbung angenommen hat, lösen Sie sie mit einem Schöpflöffel kalter Bouillon. Sobald alles gelöst ist, wird die Kasserolle mit Bouillon gefüllt. Das Kalbfleisch herausnehmen, wenn es gut durchgekocht ist, das Kalbsblond durch eine Serviette streichen. In einer anderen Kasserolle haben Sie genügend Mehlschwitze (siehe S.129) vorbereitet, die Sie nun verdünnen, damit die Soße nicht zu dick wird, und dann einkochen lassen. Nun die Kasserolle an den Rand des Herdes schieben und von Zeit zu Zeit umrühren, damit Ihre Soße eine schöne Farbe bekommt; wenn das nicht gelingt, kann man mit Rindsfond nachhelfen. Beim Kochen bildet sich eine Haut, die nicht abgeschöpft werden darf. Auch das Fett erst abschöpfen, wenn alles gut durch gekocht ist, kurz bevor man alles durch ein Sieb streicht. Dann die Soße erkalten lassen – dabei ständig rühren, damit sich keine Haut bildet. Die große Soße verwendet man zu den kleinen dunklen Soßen. (Rezept von Monsieur de Courchamps.)

Gebundene Soße à la Maître d'hôtel

Sieben Sie in eine Kasserolle zwei Esslöffel Velouté, dann ein eigroßes Stück Butter mit klein gehackter Petersilie und zwei oder drei ebenso fein gehackte Estragonblätter. Diese Soße stellen Sie nun auf das Feuer und rühren mit einem Holzlöffel, damit sich die Butter gut auflöst. Kurz vor dem Servieren rührt man die

Soße noch einmal gut durch und streicht sie durch ein Sieb. Geben Sie dann noch etwas Zitronensaft und einen Spritzer Verjus hinzu.

Spanische Soße

Den Boden einer Kasserolle, wie bei der großen Soße angegeben, mit Speck- und vor allem mit Schinkenscheiben auslegen. Eine Kalbsnuss darauf legen, hinzu kommen ein Löffel Consommé, fünf oder sechs Karotten und Zwiebeln. Wie bei der großen Soße gut einkochen lassen, dann die Flamme reduzieren, bis das Kalbsfleisch seinen Jus abgibt. Wenn sich die Glace gebildet hat – das erkennen Sie am Boden der Kasserolle an der schönen gelben Färbung –, stechen Sie mit Ihrem Messer mehrmals in das Fleisch, damit auch der restliche Jus austritt. Mit Consommé angießen, die Sie mit ausreichend Rebhühnern, Kaninchen oder Hühnern gekocht haben. Hinzu kommen ein Bund aus Petersilie und Zipollen, gewürzt mit zwei Gewürznelken, einem halben Lorbeerblatt, einer Knoblauchzehe, etwas Basilikum und Thymian. Alles aufkochen lassen, an den Rand des Herdes schieben und das Fett abschöpfen. Nach zwei Stunden binden Sie Ihre spanische Soße mit einer Mehlschwitze wie bei der großen Soße. Wenn Sie gebunden, das heißt mehr klar als dicklich ist, lässt man sie noch eine halbe oder eine Dreiviertelstunde köcheln, damit die Mehlschwitze gut absorbiert wird; dann wieder das Fett abschöpfen und die Soße durch ein Sieb in eine andere Kasserolle geben. Wieder aufs Feuer stellen und zu einem Viertel einkochen lassen. Man verwendet die spanische Soße zu allen Ragouts in dunkler Soße. Sie können Madeira, Champagner oder Burgunder hinzufügen, je nachdem welche kleine Soße Sie benötigen. Ich für meinen Teil verwende keinen Wein in der spanischen Grundsoße, zum einen, weil nicht alles mit Wein gekocht werden sollte, zum anderen, weil sie durch den Wein von einem zum anderen Tag sauer werden kann, wenn nicht alles aufgebraucht wird, und das wäre ein Verlust. Normalerweise lassen die Köche den Wein auch nicht allein einkochen, denn so entsteht ein Geschmack nach Branntwein, und der gesamte Alkohol verdunstet. Sie lassen ihn also zusammen mit der Soße einkochen, und zwar zu einem Demi-Glace oder zu einer daumendicken Glaceschicht oder sogar noch mehr.

Sauce hollandaise

Sie wird mit großer Soße und Butter zubereitet. In eine Kasserolle gibt man drei Schöpflöffel davon, zusammen mit einer in Würfel geschnittenen Zitrone, wobei die weiße Haut und die Kerne zuvor entfernt werden müssen. Hinzu gibt man drei geschlagene Eigelb, etwas gehackte Petersilie, etwas Mignonette und einen Spritzer guten weißen Essig.

Sauce Robert

Die Sauce Robert ist eine der wohlschmeckendsten und gleichermaßen pikantesten Soßen, und Rabelais, der zu denen gehört, die in unserem Vaterland ihrem Erfinder, dem Koch Robert, gleichkommen, sprach von einer »sowohl gesunden als auch notwendigen Soße«.

Gleichwohl hat ihr Ruf gar nicht so viel mit der Küche zu tun, wie man vielleicht glauben könnte, er ist vielmehr von religiöser Art, was nicht heißt, dass das Kulinarische nichts mit dem Religiösen zu tun hätte. Fragen Sie Ihren Pfarrer, was er darüber denkt, und schon haben Sie den Beweis dafür.

Doch zurück zu unserer Soße. Der Historiker Thiers (nicht zu verwechseln mit dem ehemaligen Minister), Pfarrer von Champrond im Bistum Chartres, hatte sich gegen einige kirchliche Missbräuche, die vom Domkapitel in Chartres zugelassen worden waren, ausgesprochen, und zu seinen Gegner gehörten ein Offizial namens Patin und ein Generalvikar des Bischofs von Chartres namens Robert. Der Pfarrer von Champrond schrieb also gegen den Generalvikar des Bischofs eine Satire mit dem Titel *La Sauce Robert,* in Anspielung auf die berühmte Soße, von der Rabelais spricht. Die Sache wurde aufgedeckt, Thiers sollte verhaftet werden und musste fliehen.

Kommen wir nun endlich zu dem Rezept:

Sechs große Zwiebeln in Ringe oder Würfel schneiden, oder auch mehr, wenn Sie mehr davon brauchen. Die Zwiebeln gut waschen, damit sie ihren bitteren Geschmack verlieren. In eine Kasserolle mit entsprechend viel Butter geben und auf ein gutes Feuer stellen. Etwas Mehl darüber streuen und zusammen mit den Zwiebeln anbräunen lassen, dann mit Bouillon anrühren. Aufkochen lassen, salzen und etwas Mignonette hinzufügen. Wenn Ihre Soße die richtige Konsistenz hat, Senf unterrühren und servieren.

Sauce béarnaise mit Schalotten

In eine Kasserolle zwei Esslöffel fein gehackte Schalotten und vier Teelöffel guten Essig aus Orléans geben; auf den Herd stellen und solange kochen, bis der Essig zur Hälfte eingekocht ist. Die Kasserolle vom Herd nehmen, und wenn alles fast erkaltet ist, vierzehn Eigelb mit einem Löffel hineinschlagen und noch vier Teelöffel gutes Öl hinzufügen. Dann die Soße auf kleiner Flamme unter ständigem Rühren binden. Danach sofort vom Herd nehmen und abwechselnd nach und nach ein halbes Glas Öl und den Saft einer Zitrone unterrühren. Die Soße mit etwas Estragon oder gehackter Petersilie und etwas Fleischfond abschmecken.

Sauerkraut

Sauerkraut wird insbesondere bei allen Völkern Nord- und Osteuropas oft und gern gegessen, es gehört zum Proviant bei langen Seereisen.

Sauerkraut ist ein typisches Gericht der Deutschen, die ganz verrückt danach sind. Auch ist es sprichwörtlich geworden, nämlich als sicheres Mittel, sich totschlagen zu lassen; so wie in Italien, wenn man dort die Frauen nicht hübsch findet, oder in England, wenn man über die Freiheiten disputiert, die das Volk dort erreicht hat, so schwebt man in Deutschland in höchster Lebensgefahr, wenn man nicht verkündet, dass Sauerkraut eine göttliche Speise sei.

Der berühmte Kapitän Cook führte die ausgezeichnete Gesundheit seiner Matrosen während all seiner Reisen größtenteils auf das Sauerkraut zurück, das er ihnen zu essen gab, denn Sauerkraut sei leichter verdaulich als der übliche Kohl, der nach einem griechischen Sprichwort zum Tod führt, wenn man nur zwei Mal davon isst.

Vorzugsweise wird Sauerkraut in Fässern konserviert, und zwar unter einer Schicht von Essig, Wein oder einer anderen säurehaltigen Flüssigkeit. Meist verwendet man Weißkohl. Man entfernt die hängenden Blätter am Stiel, schneidet das Herzstück in Scheiben und hobelt es mit einer Art Küferhobel. So entstehen winzig schmale Streifen, die sich wie Bänder entfalten. Der Boden des Fasses wird mit Meersalz bedeckt, und darauf kommt eine Schicht des gehobelten Kohls. Zum Aromatisieren wird eine Handvoll Wacholderbeeren oder Kümmel darüber gestreut, und dann wird das Fass unter ständigem Stampfen Schicht für Schicht auf diese Weise gefüllt und mit einer Lage Salz bedeckt.

Die letzte Salzschicht wird mit großen grünen Kohlblättern bedeckt, darüber wird ein feuchtes Tuch gelegt und ein schwerer Fassboden, der verhindern soll, dass sich der Inhalt beim Gären hebt. Der so geschichtete Kohl sondert eine stinkende, saure, trübe Flüssigkeit ab, die durch einen Hahn unten am Fass abfließen kann. Sie wird durch eine neue Lake ersetzt, und zwar immer wieder nach einigen Tagen, bis sich keine übelriechende Flüssigkeit mehr im Fass befindet. Dann erst ist das Sauerkraut fertig, und man stellt es an einen sehr kühlen Ort, um es zu konservieren und sich bei Bedarf davon zu bedienen.

Sauerkrautrezept

Das Sauerkraut mehrfach mit immer frischem Wasser waschen, abtropfen lassen und in eine Kasserolle geben, zusammen mit einem schönen Stück Speck, geräucherter Brust, Knack- und Schlackwürsten, Bratenfett, Wacholderbeeren, Weißwein und Bouillon. Sechs Stunden auf kleiner Flamme köcheln, dann abtropfen lassen, auf einer Platte anrichten und den Speck und die Würste darauf verteilen.

Spargel

Diese Pflanze kennt jeder, man muss sie also nicht beschreiben.

Es gibt weißen, violetten und grünen Spargel. Der weiße wird zuerst geerntet, er schmeckt zart und angenehm, hat aber wenig Nährwert. Der weiße Spargel aus Marchiennes, Belgien und Holland ist der bekannteste. Der violette Spargel ist am dicksten und hat den größten Nährwert, der beste kommt aus Ulm und aus Polen. Grüner Spargel ist nicht so dick, aber man kann alles davon essen. In Italien, wo ein eher seltsamer als feiner Geschmack herrscht, isst man am liebsten wilden Spargel. Die fleischfressenden Tiere, Katzen, Hunde lieben dieses Gemüse sehr. Heutzutage wird Spargel am besten im Dampf zubereitet. Im alten Rom gab es eine Redensart, die man verwendete, wenn etwas schnell gemacht werden sollte: »Mach es in weniger Zeit, als es braucht, um Spargel zuzubereiten.«

In Frankreich isst man hauptsächlich weißen Spargel.

Die Spargelstangen werden zuerst gewaschen, geschält und gleich lang geschnitten. Dann werden sie in

Bündel zusammengebunden und in Salzwasser bissfest gekocht. Sie werden sofort ganz warm auf einer Serviette, die das Wasser aufnimmt, serviert.

Spargel kann man in Butter oder in Öl essen. Hierzu eine Anekdote:

Fontenelle liebte Spargel über alles, vor allem in Öl. Der Abbé Terrasson, der ihn lieber in Butter aß, kam eines Tages zu ihm zum Essen. Fontenelle sagte, dass es für ihn ein großes Opfer bedeute, ihm die Hälfte des Spargels zu überlassen, und er gab Anweisung, diesen Teil in Butter zu servieren.

Kurz bevor man sich zu Tisch setzen wollte, wurde es dem Abbé schlecht, und er erlitt einen Schlaganfall. Fontenelle sprang auf, rannte in die Küche und schrie:

»Alles in Öl, jetzt alles in Öl!«

Rühreier mit Spargelspitzen

Profitieren Sie davon, wenn Sie gerade Hühnerbrühe zur Verfügung haben. Die Eier schlagen, salzen, pfeffern und die Spargelspitzen unterrühren. Geben Sie außerdem für sechs Eier ein halbes, für zwölf Eier ein ganzes Glas dieser Hühnerbrühe hinzu. Dann bereiten Sie die Rühreier wie gewohnt zu, und Sie werden sehen, dass dieses halbe oder ganze Glas Hühnerbrühe die Eier ganz besonders cremig macht.

Spinat

Gemüsepflanze aus der Familie der Melden, deren Blätter nur gekocht gegessen werden. Man hat schon viel über den Spinat gespottet, der, wie man sagt, keinerlei Nährwert besitze, und ein »Besen für den Magen« sei. Das stimmt nicht. Spinat ist ganz im Gegenteil sehr nahrhaft und bekommt dem Magen ganz außerordentlich gut. Ein Besen für den Magen, wenn ich mich dieser Redensart bedienen darf, ist er nur insofern, als er diesem Organ so sehr zusagt, dass er dort besonders leicht verdaut wird.

Spinat auf alte Art

Geben Sie die blanchierten und gehackten Spinatblätter mit Butter und geriebenem Muskat in eine Kasserolle. In der Butter schwenken und dann mehr mit Mehl geknetete Butter, Zucker und Milch hinzufügen; anschließend mit in Butter gerösteten Brotwürfeln servieren.

Steinpilze à la bordelaise

Nehmen Sie die dicksten Steinpilze, die Sie bekommen können, die trockensten mit dem festesten Fleisch, vor allen Dingen dürfen sie nicht alt sein. Sie werden gewaschen, trocken getupft, die Oberseite der Hüte wird leicht rautenförmig eingeschnitten. Man richtet sie in einem irdenen Topf an, begießt sie mit feinem Öl, streut ein wenig Salz und grobgemahlenen Pfeffer darüber und lässt sie zwei Stunden marinieren. Dann werden sie von einer Seite gegrillt. Dass sie gar sind, merken Sie sofort an ihrer Formbarkeit. Zum Servieren werden die Pilze auf einer Platte angerichtet und mit der folgenden Soße übergossen:

In eine Kasserolle ausreichend Öl geben, man gibt fein gehackt eine Zwiebel, Petersilie und eine Zehenspitze Knoblauch hinzu. Dann wird alles gut erhitzt und über die Steinpilze gegossen. Zum Schluss träufelt man noch den Saft zweier Zitronen darüber oder etwas Verjus, je nachdem, was Sie vorziehen.

Tee

Der Tee wurde 1666, mitten in der Regierungszeit Ludwigs XIV., in Frankreich eingeführt, gegen einen Widerstand, der nicht weniger heftig war als der gegen den Kaffee.

Heute wird allein in England und in Frankreich für mehr als zwanzig Millionen Pfund Sterling Tee getrunken.

Es gibt sieben oder acht Teesorten, aber wir konsumieren davon kaum mehr als drei: den Kugeltee, dessen Blatt um sich selbst gerollt ist; den Souchong mit seinen dunkelgrünen, ins Schwarze spielenden und gut gerollten Blättern und schließlich den Pekoe mit weißen Spitzen, dessen Duft am aromatischsten und angenehmsten ist.

Tee verliert leicht seinen Duft und nimmt ebenso leicht einen schlechten Geruch auf. Es ist darum wichtig, Tee in gut verschließbaren Porzellandosen aufzubewahren.

Darüber hinaus gibt es fünf oder sechs andere Teesorten: den gelben Tee, der in Russland bis zu dreißig oder vierzig Francs das Pfund kostet; man trinkt dort normalerweise eine Tasse nach dem Diner, wie man woanders einen Kaffee trinkt. Außerdem gibt es den Kongoe oder Kamphu, einen Tee aus ausgewählten Blättern: Er wird in der Tat aus den besten, zartesten, ziemlich großen Blättern des Bonni zusammengestellt; dieser Tee ist den anderen Sorten vorzuziehen, doch ist er sehr selten.

Den besten Tee trinkt man in Petersburg und generell in ganz Russland, denn da China an Sibirien grenzt, muss der Tee, um nach Moskau zu gelangen, nicht übers Meer transportiert werden, was dem Tee sehr schadet.

Grüner Tee wird in Frankreich selten getrunken, er wirkt außerdem leicht berauschend, was man merkt, wenn man ihn zu stark oder zu viel davon trinkt, denn dann reizt er die Nerven.

Tee wird aufgegossen: Man gibt ausreichend davon in eine Teekanne und gießt zunächst eine halbe Tasse kochendes Wasser darauf. Man wartet, bis die Blätter sich entfaltet haben, und füllt die Kanne dann erst vollständig. In Russland trinken Männer Tee aufgrund einer besonderen Bewandtnis aus Gläsern, die Frauen dagegen aus Chinatassen.

Hier die Geschichte, die diese Gewohnheit erklärt:

Die ersten Teetassen wurden in Kronstadt hergestellt. Nun kam es oft vor, dass die Wirte aus Sparsamkeit nicht genügend Teeblätter in die Kanne gaben. Und auf dem Tassenboden war eine Ansicht von Kronstadt abgebildet, die man wegen der durchsichtigen Flüssigkeit gut erkennen konnte, und der Gast rief dann den Wirt, zeigte ihm die Tasse und sagte:

»Man sieht Kronstadt.«

Und da der Wirt dies nicht leugnen konnte und da man Kronstadt nicht sah, wenn der Tee stark genug war, konnte man ihm so seinen Betrug nachweisen. Ein Wirt hatte dann die Idee, Gläser, in denen es kein Kronstadt gab, statt Tassen zu verwenden.

Es ist die Aufgabe der Hausherrin, den Tee in die Kanne zu geben, ihn zu zuckern und einen Hauch Sahne, eine Zitronenscheibe oder einen Tropfen Cognac zuzufügen; sie ist für den Tee, den sie ihren Gästen anbietet, verantwortlich.

Toast

Während der Revolution hat sich auch in Frankreich der Toast als Sitte eingebürgert. Die Bezeichnung stammt von den Engländern, die, um auf die Gesundheit von jemandem zu trinken, in jeden Bierkrug eine geröstete Brotscheibe warfen, den Toast (gesprochen »tost«). Wer den Krug leerte, musste den Toast essen.

Als Anne Boleyn, die damals schönste Frau, im Kreise einiger Herren ihres Gefolges ein Bad nahm (damals herrschten lockere Sitten), ergriffen diese Gentlemen, um ihr den Hof zu machen, jeder ein Glas, füllten es mit ihrem Badewasser und tranken es aus. Nur einer folgte nicht ihrem Beispiel, und als man ihn fragte warum, sagte er: »Ich nehme nur den Toast.«

Für einen Engländer war das sehr graziös.

Hier noch ein anderer berühmter Toast, der jenem nicht nachsteht.

Der Graf von Stair lud, als er englischer Botschafter in Holland war, oft zu rauschenden Festen, zu denen er alle anderen ausländischen Diplomaten bat, die ihn ihrerseits zu ihren Diners einluden.

Als sie eines Tages alle beim französischen Botschafter speisten, hob dieser sein Glas und trank, in Erinnerung an den Wahlspruch Ludwigs XIV., auf die Gesundheit der aufgehenden Sonne; alle tranken mit ihm. Der Botschafter Maria Theresias trank darauf auf den Mond und die Fixsterne, in Anspielung auf die vielen deutschen Fürstentümer.

Nun fragte sich jeder, wie wohl der Graf von Stair, der übriggeblieben war, auf die Gesundheit seines Herrn trinken würde, um seinen beiden Kollegen nicht nachzustehen. Da erhob er sich voller Würde, nahm sein Glas und sprach: »Auf Josua, der die Sonne, den Mond und die Sterne angehalten hat.«

Nicht schlecht, aber auch ziemlich anmaßend, was meinen Sie?

Und hier noch ein kleiner Toast und ein Bonmot zum Schluss:

Bei einem englischen Diner (so etwas erlebt man nur bei den Engländern) trank man wie üblich auf die Damen. Der wegen seiner Galanterie bekannte Lord B. sprach:

»Meine Herren, ich trinke auf das schöne Geschlecht beider Halbkugeln.«

»Und ich«, erwiderte der etwas realistischere Marquis de V., »trinke auf die beiden Halbkugeln des schönen Geschlechts.«

Frucht, die wir den Völkern des Südens zu verdanken haben. Bei ihnen ist sie sehr beliebt; man isst das Fruchtfleisch als Püree und verwendet es wegen seiner Zuckerhaltigkeit als Gewürz.

Tomaten à la Grimod de La Reynière

Die Kerne entfernen und die Tomaten mit fein gehacktem Fleisch oder, wenn Sie es haben, mit Wurstbrät füllen, das Sie zuvor mit einer zerdrückten Knoblauchzehe, Petersilie, einer gehackten Zipolle und Estragon gewürzt haben. Die Tomaten kommen dann auf den Grill oder, was noch besser ist, unter einer dicken Schicht von Paniermehl in einer Form in den Backofen. In diese Form kann man noch den Saft einer Zitrone gießen, um den Geschmack zu vollenden. Dann servieren.

Menschen, die nur Wasser gewöhnt sind, werden genauso gute Wasserkenner wie andere Weinkenner werden.

Während fünfzig oder sechzig Jahren meines Lebens habe ich nur Wasser getrunken, und noch nie hat ein großer Lafite oder ein Chambertin einem Weinkenner so viel Lust und Freude verschafft wie mir ein Glas Wasser aus einer frischen Quelle, deren Reinheit von keinem mineralischen Salz getrübt wurde.

Sehr kaltes, ja sogar künstlich geeistes Wasser wirkt auf den Magen wie ein ausgezeichnetes Tonikum, ohne irgendwelche Verstimmungen zu verursachen, ja, es beruhigt sie sogar, wenn da welche sein sollten.

Das ist aber nicht der Fall bei Schnee- oder Eiswasser, denn die sind schwer, weil sie keine Luft enthalten; man muss sie vor dem Trinken gut durchrühren, denn so verlieren sie ihre ungesunden Eigenschaften.

Früher wurde ganz Paris aus dem Fluss, der die Stadt durchfließt, versorgt. Heute kommt das Wasser aus Grenelle; durch Rohre wird es auf den Berg der Sainte-Geneviève geleitet und von dort in die ganze Stadt verteilt. Seit fünf oder sechs Jahren gibt es die Konkurrenz des Wassers aus La Dhuys, es kommt von den gegenüberliegenden Hügeln, also von Belleville, vom Montmartre und von der Butte Chaumont.

Das Wasser der Seine wird schon seit langer Zeit verleumdet, besonders von den Provinzlern, die für ein paar Tage nach Paris kommen, sodass es die Lust verloren hat, zwei Millionen Undankbare zu erquicken. Aber wenn man das Seine-Wasser gut reinigt, wenn man es oberhalb des Jardin des plantes entnimmt, und zwar mitten aus dem Fluss, dann kommt ihm kein anderes Wasser an Reinheit, Klarheit und Schmackhaftigkeit gleich. Es ist vor allem voller Sauerstoff, denn in den Flussschleifen auf fast zweihundert Meilen wird es aus der Atmosphäre großzügig mit Luft versorgt. Außerdem fließt die Seine von der Quelle bis nach Paris nur über ein Bett aus Sand, weswegen die Feinschmecker die Fische aus der Seine denen aus anderen Flüssen vorziehen.

Jeder weiß, dass die Mönche das Wasser nicht allzu sehr geliebt haben, und hier noch eine kleine Anekdote, die belegt, dass sie diese fade Flüssigkeit überhaupt nicht mochten.

Ein Franziskanermönch besuchte sehr fleißig die Küche eines Bischofs, der seinen Leuten ans Herz gelegt hatte, sich um den guten Bruder zu kümmern. Eines Tages als der Kirchenmann ein großes Diner gab, war der Mönch gerade im Bischofspalast. Monseigneur sprach von dem Ordensbruder und empfahl ihn der Tischgesellschaft. Einige Damen ereiferten sich: »Monseigneur, wir sollten uns amüsieren und dem Mönch einen Streich spielen. Rufen Sie ihn herein, und wir werden ihm ein Glas von diesem herrlich klaren Wasser kredenzen, als wäre es ein exzellenter Weißwein.«

»Aber das meinen Sie doch nicht im Ernst, meine Damen!«, rief der Bischof.

»Oh, das wird uns ablenken, lassen Sie uns nur machen, Monseigneur.«

Also rief man sofort einen Kammerdiener und befahl ihm, auf der Stelle eine gut verkorkte und versiegelte Flasche Wasser vorzubereiten. Dann ließ man den Bettelmönch kommen.

»Bruder«, riefen die Damen, »wir müssen auf das Wohl seiner Hoheit und auf das unsrige trinken.«

Der Mönch freute sich über sein Glück und war ganz erpicht, es zu genießen. Man entkorkte die Flasche und schenkte ihm ein Glas randvoll ein. Der gewitzte Mönch, der den Schwindel sofort erkannte, verlor nicht den Kopf und sprach mit unterwürfigster und demütigster Stimme zum Bischof:

»Monseigneur, ich werde erst davon trinken, wenn Sie diesem Nektar Ihren heiligen Segen gegeben haben.«

»Das muss doch nicht sein, mein Bruder.«

»Ich beschwöre Sie, Monseigneur, bei allen Heiligen des Paradieses.«

Die Damen stellten sich auf seine Seite und beknieten den Kirchenmann, es doch ihretwegen zu tun. Der Bischof gab endlich nach und segnete das Wasser. Da rief der Mönch einen Lakai und sagte zu ihm lächelnd: »Champagner! Und bringen Sie das da in die Kirche, ein Bettelmönch hat noch nie Weihwasser getrunken.«

Da hat er doch recht, nicht wahr?

Seltzer Wasser

Das Seltzer Naturwasser kommt aus einer Quelle im Herzogtum Nassau. Es handelt sich um ein leicht kohlensäurehaltiges, angenehmes und gut verträgliches Wasser.

Das Seltzer Wasser ist gut für Schwindsuchtkranke.

Bekannt ist das kurze Gedicht, das Lord Byron unter dem Einfluss eines berauschenden Südweins, des *lymphatus mareotico,* geschrieben hat und in dem er sich in hohen und ergreifend pathetischen Betrachtungen über das Schicksal der Menschheit ergeht und das er abschließend unterbricht mit dem Ausruf: »Ich habe Durst! Bringt mir Seltzer Wasser!«

Wein

Damit sind wir an einem so wichtigen Punkt der Gastronomie, besonders der modernen Gastronomie, angelangt, dass wir es für notwendig erachten, ein eigenes Kapitel zu eröffnen.

Es geht um den Wein, also um den geistigen Teil der Mahlzeit.

Das Fleisch bildet nur den materiellen Teil. »Bei Tische altert man nicht«, sagte Grimod de La Reynière.

Gut essen und gut trinken sind zwei Künste, die man nicht von heute auf morgen erlernt. Als Alexander zu dem Titel des Siegreichen noch den des Feinschmeckers hinzufügen wollte, legte er die Prüfungen in Persepolis und Babylon ab, um zum Doktor in der Kunst des Essens und Trinkens ernannt zu werden. Die Kunde von seinen Orgien hat die Schranke von zweitausend Jahren überwunden: Alexander konnte eben nur Großes tun.

In einer Nacht verhieß er einen Preis demjenigen, der am meisten trinken würde.

Sechsunddreißig seiner Saufkumpane starben am nächsten Tag.

Die Athener, deren Beifall sich Alexander sehnlichst

erwünschte, betranken sich nicht, höchstens ein bisschen.

Die berühmtesten Weinkeller der Antike waren die des Scaurus; sie enthielten dreihunderttausend Amphoren aller bekannten Weine, hundertfünfundneunzig verschiedene Sorten.

Nach Isidor kommt das Wort Wein von *vis,* was Kraft bedeutet. Anakreon nennt ihn den Sohn des Weinstocks, für Pindar war es die Milch der Venus, für die Römer die Milch der guten Göttin; schließlich wurde er nur noch Bacchus genannt, denn dieser Name konnte für alle vergorenen Getränke verwendet werden. Man glaubt, dass die Griechen von den Ägyptern die Kunst der Weinherstellung übernommen haben; man weiß allerdings auch, dass die Griechen diese Kunst bis zur Perfektion führten. Einer der besten Weine Griechenlands, der *diacheton,* wurde hergestellt, indem man die Trauben auf Weidengeflechten, sechs bis sieben Fuß über dem Boden, verteilte und der Sonne aussetzte, nachts brachte man sie ins Haus, damit sie keinen Tau abbekamen, und nachdem sie sieben Tage lang soviel Sonne wie möglich aufgenommen hatten, wurden sie gekeltert. So entstand ein ausgezeichneter Wein mit dem hervorstechenden Aroma von Himbeeren.

Als der Wein anfing zu reisen, wurde er von Chios nach Rom verschifft.

Die Weine aus Chios waren die besten Griechenlands; Virgil und Horaz fanden sie vortrefflich, alle beide haben sie besungen und dabei besonders den aus der Gegend von Psara gelobt; er wird sogar bei bestimmten Krankheiten verschrieben. Cäsar, der von ihm die damals größte Menge erhielt, kredenzte ihn seinen Freunden nach seinen Siegen und bei den Feiern, die er zu Ehren des Großen Jupiter hielt. Atheneas sagt, dass die griechischen Weine die Verdauung förderten, dass sie sehr nahrhaft und feurig seien und dass die besten aus der Gegend von Arius kämen, wo man drei Sorten herstelle.

Galenus spricht von den Weinen aus Asien, die man in großen Gefäßen an die Kamine hänge und die durch Verdunstung hart wie Salz würden. Aristoteles berichtet, dass die Weine aus Arkadien in Schläuchen trockneten und dass man sie mit Wasser verdünnen musste, um sie trinken zu können, aber man habe dies nur mit dickflüssigen, wenig vergorenen Likörweinen tun können.

Die Römer bekamen ihre besten Weine aus der Campania, einer Provinz, die heute zum Königreich Neapel gehört. Der Falerner und der Massiker wurden am meisten geschätzt, und man findet sie häufig in den Versen des Horaz. Die Weine vom Berg Posillipo mit seinem herrlichen, in der Sonne liegenden Südhang waren wegen ihrer Leichtigkeit berühmt, und Plinius preist ihr

Bouquet und ihr sanftes Feuer. Sophokles nennt sie die Weine Jupiters, denn wie der König der Götter, so sagt er, spenden sie Gesundheit und Freude, die schönsten Geschenke, die die Götter uns geben können.

Die Weine aus den Albaner Bergen erfreuten sich auch eines großen Ruhms, diese Weine waren zugleich leicht und stark, und man konnte sie lagern, was bei nicht ausgegorenen Weinen selten ist. Strabon vergleicht sie mit den besten Weinen Griechenlands und Italiens, und wenn wir uns auf Horaz berufen, der in dieser Gegend lebte, so standen sie in nichts den Weinen aus Tenedos nach.

Im Jahr, als Lucius Opimius Konsul war, erbrachten diese Weinberge einzigartige, vortreffliche Weine; man konnte sie ein Jahrhundert lang lagern, und sie erhielten eine honigartige Konsistenz. Von daher stammt die Sitte, bei vorzüglichen Weinen von den Weinen des Opimius zu sprechen, denn im Sommer seines Konsulats war es so heiß, dass die Trauben gewissermaßen gekocht wurden und dadurch von hervorragender Güte waren.

Zu Zeiten des Hippokrates wurde der Wein mit Meerwasser vermischt. Hippokrates spricht von dieser Praxis, die den Wein weniger klebrig, klarer und haltbarer mache. Plinius, der so viele wahre oder auch falsche Anekdoten überliefert hat, berichtet, dass man diese Praxis einem betrunkenen Sklaven verdanke, der für den Wein, dem er seinem Herrn wegtrank, Meerwasser nachfüllte. Als das Fass zur Hälfte leer war, war der Wein so gut, dass der Herr glaubte, demjenigen, der ihm den Wein wegtrank, eine Belohnung versprechen zu müssen, er müsse nur sein Geheimnis verraten. Der Sklave musste bei allen Göttern schwören und gestand alles. Seitdem wurde allgemein so verfahren, und Dioskorides berichtet in seinem fünften Buch genau, auf welche Weise man Wein mit Meerwasser vermischte.

Doch da mit der Völkerwanderung jegliche Zivilisation unterging, verschwand auch der Wein, der ja eine Stufe der Zivilisation darstellt.

Die ersten Getränke, die nach der Völkerwanderung in den Annalen der Gastronomie erwähnt werden, sind der Apfelwein und dann das Bier. Dann erst kamen nach und nach die anderen Weine. Aus karolingischer Zeit wird vom Apfelwein berichtet, dann vom Bier. Der Clairet (Bleicher) war ein geklärter Wein, der mit Kräutern vergoren wurde; dem Hypogras (Gewürzwein) wurde Honig beigegeben.

Die verschiedenen Eigenschaften der Weine wurden allerdings erst erkannt, nachdem sie von Feinschmeckern verkostet worden waren. Vom Champagner war noch nicht die Rede als Wenzel, König von Böhmen und deutscher König, nach Frankreich kam, um mit

Karl VI. einen Vertrag auszuhandeln, dabei kam er im Mai 1397 auch nach Reims. Dort trank er den Wein aus dieser Gegend, und er schmeckte ihm so gut, dass er sich täglich drei Stunden lang damit betrank, und zwar von drei bis sechs. Schließlich musste man sich auch mit dem Vertrag beschäftigen, was Wenzel gar nicht schmecken wollte. Nachdem der Vertrag unterzeichnet war, bat der König darum, noch einige Zeit in dieser so gastfreundlichen Stadt bleiben zu dürfen, und daraus wurde ein Jahr. Ein Jahr war er geblieben, um auf die Stunde des Vertrags zu warten, ein Jahr, um ihn auszuhandeln, und ein Jahr, um sich von diesen diplomatischen Mühen zu erholen.

Und als er ging, verriet er dem Dauphin das Geheimnis seines langen Aufenthalts; da wollte auch der den Wein aus der Gegend von Reims probieren, und auch er fand ihn ausgezeichnet. Und seitdem genießen die Weine aus der Champagne ihren guten Ruf.

Der Wein aus Bordeaux hatte lange gegen Vorurteile zu kämpfen. Saint-Simon berichtet, dass eines Tages ein kleiner Edelmann aus der Gegend von Bordeaux an den Pariser Hof gekommen sei und dort nur seinen Wein getrunken habe. Fast achtzig Jahre lang war davon die Rede, ohne dass man das Geheimnis klären konnte. Als dann eines Tages Ludwig XV. in Erwartung des Marschall Richelieu an diese Diskussion erinnerte, beschloss er, den Gast als Experten auf diesem Gebiet heranzuziehen.

»Herr Gouverneur von Septimanien, Aquitanien und Novempopulanien«, sagte der König eines Tages zu Richelieu. »Was meinen Sie: Gibt es im Bordelais einen trinkbaren Wein?«

»Sire, es gibt dort Sorten, die nicht schlecht sind.«

»Was wollen Sie damit sagen?«

»Es gibt da einen, den sie den Blanc de Sauternes nennen, er ist nicht so gut wie ein Montrachet und auch nicht so gut wie die kleineren Burgunder, aber man kann ihn auch nicht als Dünnbier bezeichnen. Es gibt da auch noch den Wein aus Graves, der duftet nach Feuerstein wie ein alter Karabiner, und er ähnelt dem Moselwein, aber er hält sich länger als dieser. Sie haben dann noch im Medoc und in der Gegend von Bazas zwei oder drei Rotweine, mit denen die Leute aus Bordeaux angeben, dass es zum Totlachen ist. Es handle sich um das beste Getränk der Erde, um Nektar für den Tisch der Götter, wenn man ihnen Glauben schenken will, gleichwohl ist es bestimmt kein großer Burgunder und kein Rhônewein! Diese Weine sind weder feurig noch kraftvoll, aber sie haben kein schlechtes Bouquet, und im Übrigen weiß ich nicht, welcher dunkelrote und berauschende Krätzer nicht angenehm wäre. Außerdem kann man davon so viel trinken, wie man will, man schläft gut danach, das ist alles, und für mich ist es das Beste daran.«

Um die Neugier des Königs zu befriedigen, ließ Monsieur de Richelieu Wein aus Château-Lafite nach Versailles kommen, den Seine Majestät passabel fand. Aber bis zu diesem Zeitpunkt kam kein Gastgeber auf die Idee, seinen Gästen einen Bordeaux vorzusetzen, auch wenn ihn der große Kardinal noch so sehr liebte, höchstens die Leute aus Bordeaux selbst, aus Armagnac, Astaracois und aus der übrigen Gascogne.

Die edelsten Gewächse aus Bordeaux sind die Lafite-du-Château, Château-Latour, Château-Margaux, Château-Haut-Brion, Premier-Grave und Ségur-Médoc.

Die etwas weniger guten sind die aus Mouton-Canon, Médoc-Canon, Saint-Emilion, Rauzan, Margaux, Rose-Médoc, Pichon-Longueville, Medoc-Potelet, Saint-Julien-les-Ville und Saint-Julien; der Vin du Pape (Graves rouge), der Vin de la Mission (Graves rouge) und alle Haut-Pessacs. Und alle Weine aus Pauillac haben die Eigenart, dass sie zwei Monate nach dem Abfüllen schlecht werden, dann sind sie weitaus weniger gut als direkt aus dem Fass. Man muss sie dann aber nur fünf oder sechs Monate in einer Karaffe stehenlassen, damit sie wieder die ihnen eigene Qualität erreichen.

Unter den Weißweinen sind der Haut-Barsac, der Haut-Preignac und der Château-d'Yquem von allererster Güte; alle anderen werden als zweitrangig eingestuft. Aber lange vor den Weinen aus der Champagne und aus Bordeaux mit ihren vortrefflichen Eigenschaften hat man die vorzüglichen Qualitäten der Burgunderweine entdeckt.

Der Wein aus Beaune zum Beispiel kann es mit den besten Lagen der Bourgogne aufnehmen, wenn es ein guter Jahrgang ist. Man sollte die Reben aber nicht so alt werden lassen, damit er seine Kraft und sein Bouquet behält.

Danach kommen die Weine aus Pommard, Volnay, Nuits, Chassagne, Saint-Georges-de-Nuits, Vosne, Chambertin, Clos-Vougeot, Romanée. Der Romanée-Conti ist der beste Rotwein aus der Bourgogne. An Weißweinen kann man den Chablis, den Musigny, den Richebourg, den Vosne, den Nuits und den Chambolle als angenehm bezeichnen, die Weißweine aus Mersault sind aber besser. Noch besser ist der Chevalier-Montrachet. Der Montrachet gilt generell als der beste aller französischen Weine.

Nachdem wir nun den Weinen aus dem Burgund und aus Bordeaux Gerechtigkeit haben widerfahren lassen, ist es recht und billig, zu dem armen Champagner zurückzukommen, dem die Kenner im Ausland den ersten Rang zubilligen, wir aber nur den dritten.

Der beste Champagner ist der Silley, der »Vin de la

Maréchale«; viele ziehen ihm aber den Wein aus Ay wegen seines Kiefernzapfenaromas vor. Vom Saint-Évremont sagt man, er sei der natürlichste, der sauberste, der gesündeste und wegen seines Pfirsicharomas beste Wein. Karl VIII., Léon X., Karl V. und Franz I. hatten eigene Güter in Ay, um sich mit diesem Wein bestens zu versorgen. Die Weine aus Hautvilliers, Epernay, Pierry, Bouzy und die Rotweine aus Saint-Thierry wetteifern mit denen aus Ay.

Der Romanée, der Chambertin, der Clos-Vougeot, der Richebourg und der Saint-Georges sind zwar ausgezeichnete Weine, aber sie können beim Transport, besonders übers Meer, Schaden erleiden; sie haben außerdem eine unangenehme Säure, wenn man sie nicht pflegt. Der Hermitage, ein Rotwein aus der Gegend von Valence im Dauphiné, hat einen vollen Körper; er ist von dunkelroter Farbe, hat ein exquisites Bouquet, und im Geschmack erinnert er an Himbeeren. Der Weißwein wird dagegen nicht so geschätzt. Die roten und weißen Weine der Côte Rôtie können es mit den Hermitage-Weinen aufnehmen. Der Wein aus Saint-Georges-d'Orques bei Montpellier ist im Duft, in der Konsistenz und von seiner samtigen Art so gut wie der Hermitage. Die Weine aus Cahors sind sehr dunkel, warm und werden besonders nach einigen Jahren der Lagerung bevorzugt. Die weißen Muskatweine aus dem Roussillon und dem Languedoc, zum Beispiel der Lunel, der Frontignac und der Rivesaltes, sind die allerbesten Weißweine. Unter ihnen ist der Sauternes mit Recht berühmt. Die Weißweine aus dem Burgund sind nicht ganz so gut: sie sind stark, leicht rosa, angenehm im Geschmack und können mit Wasser gemischt werden. Da sie kaum Säure haben, sind sie vor allem für alte und schwermütige Menschen bekömmlich. Besonders beliebt sind die Weine aus Bordeaux. Es wird behauptet, dass man in Paris nichts schwerer finden könne als gute Jahrgänge und gute Lagen aus Bordeaux, denn alles geht nach England, wo man diese Weine auch sehr schätzt. Die Weine aus der Gegend von Orléans sind zwar gut, doch sie steigen in den Kopf. Die Weißweine aus dem Poitou sind fast so gut wie die vom Rhein, aber ihnen doch unterlegen.

Vor gut zweitausend Jahren haben die Griechen und Römer den Weinbau in die Provence gebracht, und trotzdem wundert man sich, dass man dort nicht die besten Weine und die beste Weinkultur Frankreichs findet; das liegt weder an der Sonne noch am Boden, sondern an der Nachlässigkeit der Bewohner. Gleichwohl haben wir im Var die Weine aus La Gaude, aus Cagnes und Saint-Laurent; der Wein aus Saint-Tropez gehört zu den Weinen, die ein gewisses Alter haben müssen. Bei Toulon gibt es den Wein aus Lamalgue mit einem Ruf, den er durchaus verdient. Die guten Weine aus dem Departement Bouches-du-Rhône sind die aus La Ciotat, Sainte-Marguerite bei Marseille und aus Erargue; auch die aus Cassis, aus der Crau und aus Roquevaire werden gern getrunken; aus dem letztgenannten werden die besten »vins cuits« (Dessertweine aus eingekochtem Most) hergestellt. In La Ciotat und La Valette bei Toulon gibt es »vins cuits«, die fast so gut sind wie die aus Tokaj. Doch die Qualität hängt davon ab, wie der Most eingekocht wird.

Auch in Italien gibt es berühmte Weine, aber im Allgemeinen ist ihr Ruf besser als ihre Qualität. An erster Stelle muss der Lacrima Christi genannt werden, dessen Pflänzlinge mit Lava vom Vesuv bedeckt werden müssen; der Wein trägt diesen poetischen Namen, weil er tränenförmige Tropfen hervorbringt, bevor man die Trauben keltert. Dieser Wein, von dem es nur sehr wenig gibt, ist von purpurroter, angenehmer, eindringlicher Farbe.

Auch der Rotwein und Weißwein aus Alba wird gern getrunken. Genannt wird auch der Muskatwein aus der Toskana und aus Montefiascone. Der Wein aus Orvieto wird mit dem Wein aus der Champagne verglichen, trotz des Unterschieds, der zwischen diesen Weinen besteht. Der Orvieto ist auch bekannt unter dem Namen *Est Est*, der folgendermaßen entstanden ist:

Ein Kardinal, der zwar ein guter Weinkenner war, aber nie recht wusste, wo die Weine herkamen, plante eine Reise durch Italien und schickte einen Kurier voran, der alle Weine kosten sollte. An alle Häuser, in denen es gute Weine gab, sollte er das Wort *Est* schreiben, was soviel bedeutete wie »Hier ist es«. Auch in Orvieto erfüllte der Kurier seine Aufgabe, kostete den Wein, und da er ihn so gut fand, schrieb er statt nur einmal gleich dreimal das Wort: *Est, Est, Est.*

Der Kardinal verstand das sehr wohl, er ließ anhalten und sich ein kleines Frühstück servieren, was drei Tage dauerte.

Am vierten Tag starb er, nicht ohne vorher verfügt zu haben, dass man ihm jedes Jahr an seinem Todestag ein Stückfass Orvieto ins Grab gießen solle.

Aber das geschah nur bis zum vierten Jahr des Pontifikats von Gregor XVI. Der fand diese Verfügung so skandalös, dass er wiederum befahl, man solle den Wein nicht ins Grab seiner Eminenz gießen, sondern an die jungen Leute des Kollegs verteilen.

Das Gasthaus, wo der arme Kardinal gestorben ist, trägt immer noch dieses Wahrzeichen: Man sieht einen stockbetrunkenen Kirchenmann bei Tisch und über ihm die Inschrift: *Est, Est, Est.*

Als ich einmal durch Orvieto kam, gab es dieses Wahrzeichen noch, aber der Brauch, einem Kirchenfürsten Wein ins Grab zu gießen, war in Vergessenheit geraten.

Der Wein aus Marcimien bei Vicenza ist ein angenehmer Trinkwein. Die Weine aus Rätien, aus dem Tal von Thélivienne, sind vorzüglich; sie sind von blutroter Farbe, etwas bitter im Geschmack und gut für den Magen.

Auch Spanien hat einiges zu bieten: der Alicante, der Benicarlo, die Weine aus Jerez, aus Pacaret, Rota, Málaga fehlen nicht auf den besten Tafeln. Gern trinkt man den Wein von den Kanarischen Inseln, der um Palma wächst; auch den Malvasier, der in alle Welt verschickt wird. Aus Griechenland kommen auch heute noch die gleichen Weine wie in der Antike, allerdings sind sie wegen der Verwendung von Harz nicht mehr so gut: die Weine aus Candia, Chios, Tenedos, Lesbos, Zypern, Samos und Santorin.

Ich habe diese Weine an Ort und Stelle probiert, aber für mich waren sie alle durch das Harz, das man in den Fässern oder in den Schläuchen verwendet, verdorben; zugrunde liegt ein alter Aberglaube, eine letzte Hommage an Bacchus, der nun als Zepter einen Thyrsusstab mit einem Tannenzapfen darauf trägt.

Der Wein aus Sankt Georg in Ungarn ist derselbe, den man in Paris als Tokajer verkauft; es stimmt, er kommt ihm sehr nahe, doch die wahren Kenner würden sich niemals täuschen lassen. In Sankt Georg und in Raterstoff werden zwei Sorten geerntet: die eine verwendet man zur Herstellung von Wermut, die andere ist zum Verkauf in ganz Europa bestimmt.

Was nun den echten Tokajer betrifft, der zum Teil dem Zaren von Russland und zum anderen Teil dem Kaiser von Österreich gehört, so muss man nicht betonen, dass es eine Revolution bräuchte, um die Keller der beiden Potentaten zu plündern, damit das gemeine Volk diesen für die Götter bestimmten Nektar kosten könnte.

Der Wein aus Konstanz, von dem es zum Glück mehr gibt, wetteifert mit dem Tokajer; es geht dabei nicht nur um die Reputation, sondern auch um Qualität. Doch beide sind nicht so gut wie die persischen Weine, die in der Gegend von Schiras geerntet werden und die diesen Namen tragen.

Nach dem Tod des Komturs von Ferrette, des Botschafters des Malteserordens in Paris, hat man in seinem Haus sieben oder acht Fläschchen Schiraswein verkauft, zu je 285 Francs das halbe Fläschchen.

Es schadet oft der Gesundheit, verschiedene Sorten Wein während einer Mahlzeit zu trinken, ganz besonders wenn man nach Weinen mit viel Säure süße Weine oder nach leichten Weinen solche mit viel Körper serviert, und das noch mehr zu einem üppigen Mahl. Aber leichte und moussierende Weine, alte, feurige und trockene Weine, das heißt solche, die wenig Zucker und Farbstoff enthalten, sind nicht so schädlich, denn sie fördern die Verdauung.

Wir möchten noch darauf hinweisen, dass das Wort Wein in allen alten und modernen Sprachen ähnlich klingt: im Griechischen *oinos,* in Latein *vinum,* im Arabischen *vainon,* im Deutschen *Wein,* im Englischen *wine,* im Russischen *vinss.*

In den frühen Zeiten der römischen Republik war der Wein den Frauen strengstens verboten, und Romulus hatte den Männern gestattet, ihre Frauen zu verstoßen und sogar zu töten, wenn sie beim Weintrinken erwischt worden waren. Valerius Maximus berichtet, dass Egnatius Metellus, der von diesem Recht Gebrauch gemacht hatte, vom Gründer Roms freigesprochen wurde. Fabius Pictor erzählt, dass die Eltern einer Römerin, die versucht hatte, eine Weintruhe aufzubrechen, diese einsperrten und verhungern ließen. Die Römer waren hier gegenüber den Frauen so streng, dass man dem Rat Catos folgend den Brauch einführte, die Frauen beim Betreten eines Hauses zu küssen, um an ihrem Atem zu erkennen, ob sie Wein getrunken hatten. Nach und nach wurde dies gelockert, die Gesetze öffneten dem Luxus und der Völlerei immer mehr Tür und Tor, sodass sich die Frauen bei jeder Gelegenheit die gleichen Rechte wie die Männer herausnahmen.

Wein, so sagt man, ist Milch und Stärkung für alte Menschen. Der deutsche Jesuit Albert Dressel ist nicht dieser Meinung. Nach ihm ist Wein, je stärker er ist, um so ungesünder für alte und kranke Menschen. Zwischen dem Magen und der Nahrung, sagt er, müsse ein solches Verhältnis bestehen, dass die Wärme des Magens nicht die der Nahrung übersteige. Ein guter Wein könne einem schlechten Magen auch nicht helfen. Allerdings ist die Ansicht, ein guter Wein könne einen alten verbrauchten Magen stärken, so alt, allgemein verbreitet und tief verwurzelt, dass es gewissermaßen unmöglich ist, das folgende Axiom an ihre Stelle zu setzen: *Vinum potens, vinum nocens.* Beim Essen einen besseren Wein zu trinken als den, den man seinen Gästen serviert, ist nicht einmal hochgestellten Persönlichkeiten erlaubt. So etwas können sich nur Unverschämte und Geizhälse herausnehmen. Der Falerner ist ein teurer Wein; Plinius trank ihn gerne, und es kam bisweilen vor, dass er zu seiner Tafel eine große Anzahl gerade freigelassener Sklaven lud. Einer, der mit Recht glaubte, dass alle, die zusammen an einem Tisch sitzen, auch denselben Wein trinken sollten, sagte ihm, dass bei diesen Gelegenheiten sein Falerner schnell zur Neige gehen würde. »Erlauben Sie«, erwiderte Plinius, »wenn meine freigelassenen Sklaven mit mir essen, dann trinken sie nicht meinen Wein, sondern ich trinke ihren.«

Der erste Wein, der in Frankreich hochgepriesen wurde, ist der Wein von Suresnes. Heinrich IV. verschenkte ihn gerne, und es ist ein Brief von ihm erhalten, in dem er ihn lobt.

Monsieur Musset-Pathay, der Verfasser der *Bibliographie agronomique,* hat über den Wein aus Suresnes eine sehr gelehrte Anekdote erzählt, die durch eines der statistischen Jahrbücher des Departements Loir-et-Cher verbürgt ist.

»Es gibt eine weitverbreitete Meinung«, so schreibt der Verfasser der *Bibliographie,* »zu der man einige erhellende Erläuterungen geben sollte. Es geht dabei um den guten Ruf des Weines aus Suresnes, jenem zwei Meilen von Paris entfernten Dorf an der Seine. Die meisten glauben, dass der dort produzierte Wein früher einmal sehr gut gewesen und dass er sogar an den Tafeln unserer Könige serviert worden sei. Hier nun der Grund für diese Ansicht. Es gibt in der Gegend von Vendôme, dem alten Erbland Heinrichs IV., eine Traubensorte mit dem Namen *Suren.* Daraus produziert man einen sehr feinen Weißwein, den Kenner sorgfältig lagern, denn er wird immer besser, je älter er wird. Heinrich IV. ließ sich diesen Wein an den Hof bringen, denn er fand ihn ausgezeichnet. Und das genügte schon, dass ihn die Höflinge deliziös fanden, und während der Regierungszeit dieses Königs trank man also den *Suren.* Im Vendômois gibt es noch ein Weingut, das man das Weingut Heinrichs IV. nennt.

Da Ludwig XIII. den *Suren* nicht so liebte wie sein Vater, kam dieser Wein aus der Mode und verlor seinen Ruf. Später glaubte man wegen des Gleichklangs der Namen, dass dieser Wein, der bei Hofe getrunken wurde, aus dem Dorf Suresnes gekommen sei.«

Henri d'Andely nennt in seinem Gedicht *La Bataille des Vins* (›Die Schlacht der Weine‹) Deuil, Montmorency, Marly, Argenteuil, aber er sagt nichts über Suresnes, obwohl es doch ganz in der Nähe liegt; das kann der Beweis dafür sein, dass Suresnes im 13. Jahrhundert noch weniger bekannt und renommiert war als heute. Man darf sich also nicht mehr wundern, dass ein Gutsbesitzer mit exzellenten Weinen im Burgund vergebens die Reben aus Suresnes in das Tal der Yonne gebracht hat.

Früher war der Wein aus Mantes, zwölf Meilen östlich von Paris, weithin bekannt. Der Kaiser Julian Apostata preist ihn in hohen Tönen. Was ihn vor allem so beliebt machte, war die Tatsache, dass er niemals schlecht wurde, wohin man ihn auch transportierte. Der Seiler Rubriquis, der im Auftrag von Ludwig dem Heiligen zum Großkhan der Tartaren reiste, brachte als Geschenk eine große Flasche von diesem Wein aus Mantes mit, und man fand ihn so deliziös, dass sich der Tartarenherrscher dazu bringen ließ, die Religion des Landes, in dem dieser Wein produziert wurde, anzunehmen. Ein anderer Missionar berichtet, dass auch Dschingis-Khan Christ geworden wäre, wenn er den Wein aus Mantes dabei gehabt hätte.

Der Wein erfreute sich schon immer hoher Wertschätzung, und seit Karl dem Großen wurde kein Handel abgeschlossen, ohne dass ein besonderer Wein geschenkt wurde. Bei Taufen und Hochzeiten gab es den Pfarrwein (»vin du curé«); ein Bräutigam schenkte seiner Zukünftigen den Hochzeitswein (»vin des noces«); diejenigen, die einen Prozess führten, schenkten den Schreibern (clercs) ihrer Anwälte den »vin des clercs«; und um als Bürger in einer Stadt aufgenommen zu werden, schenkte man den städtischen Beamten den »vin de la Bourgeoisie« (den Bürgerwein); und es wurde dabei wirklich Wein überreicht. Als dann später kein Wein mehr überreicht wurde, wurde dieser Brauch gleichwohl beibehalten, doch es wurde mit Geld beglichen.

Nach einer Charta des berühmten Fürstabtes Suger, des Reichsregenten unter Ludwig VII., erhielt das Kloster Saint-Paul eine Jahresrente von zehn Talern und einem Mud Wein, und zwar »damit die Mönche Gott und dem hl. Paulus mit mehr Freude und Hingabe dienten«: *Ut jucundius et devotius Deo sanctoque Paulo inserviant.*

Ein wenig bekanntes Sprichwort, das es aber verdient, bekannter zu werden, besagt: Guter Wein, gutes

Latein. Monsieur de Lamoignon, der Erste Präsident des Pariser Gerichtshofs, hatte Schwierigkeiten, einen Bibliothekar zu finden. Er wandte sich an Monsieur Hermant, den Rektor der Universität, und der empfahl ihm seinen Landsmann Monsieur Baillet. Der Präsident wollte ihn zuerst einmal kennenlernen und lud ihn zum Essen ein. Baillet folgte der Einladung, aber als er bemerkte, dass er nur unter Schulmeistern war, die versuchten, sich gelehrt zu geben, antwortete er höchst einsilbig auf die vielen Fragen, die ihm gestellt wurden. Man fragte ihn auf Latein, wie er den Wein finde; er war schlecht, doch er antwortete: »*Bonus.*« Gelächter, und man war der Meinung, dass der Kandidat ein Tölpel sei, wie man es sich schon gedacht hatte. Zur Nachspeise wurde ein besserer Wein ausgeschenkt, und um wieder etwas zum Lachen zu haben, stellte man ihm die gleiche Frage. Baillet antwortete: »*Bonum.*« »Oho, aha! Da sind Sie ja auf einmal ein guter Lateiner geworden.«

»Ja«, antwortete Baillet, »guter Wein, gutes Latein.«

Vom Wein aus Brétigny in der Nähe von Paris sagte man früher, er bringe die Ziegen zum Tanzen, und diese Redensart verwendet man auch heute noch in dieser Gegend, wenn es sich um einen schlechten Wein handelt. Und so ist diese Redensart entstanden: In Brétigny, so wird berichtet, lebte ein Mann namens Chèvre (Ziege). Er war der Frauenheld und zugleich der reichste Bauer in seinem Dorf, die meisten Weinberge gehörten ihm. Er trank gern mal einen guten Tropfen und beschwipst, wie er dann war, verfiel er immer wieder darauf, seine Frau und seine Kinder zu jeder Tages- und Nachtzeit tanzen zu lassen. Und so kam es, dass der Wein aus Brétigny die Ziegen zum Tanzen bringt.

Der Erste Präsident namens de Bellièvre war ein Mann von großen Verdiensten und hatte einen auserlesenen Freundeskreis. Er liebte vor allem die gute Küche und rühmte sich, den besten Weinkeller von Paris zu haben. Als er eines Tages aus dem Oberhaus des Parlaments kam, stieß er auf den Grafen de Fiesque und die Herren de Manicamp und de Jousac, die mit einer Bittschrift folgenden Inhalts auf ihn zukamen:

»Untertänigst bitten wir den Herren Ersten Präsidenten, seinem Haushofmeister zu befehlen, uns sechs Flaschen seines ausgezeichneten Burgunders zu überlassen, den wir heute Abend hier und da auf die Gesundheit seiner Hoheit zu trinken gedenken.«

Da ergriff Monsieur de Bellièvre mit der Geste eines erhabenen Staatsbeamten die Bittschrift und schrieb mit Bleistift darauf:

»Dies gilt für zwölf Flaschen, in Anbetracht, dass ich dabei sein werde.«

Und nun liefern wir den Beweis, dass ein guter Wein direkt ins Himmelreich führen kann.

Ein Weinliebhaber gab seinem Beichtvater, der ihm seinen Hang zur Trunksucht vorwarf und ihm in Aussicht stellte, nie sein Seelenheil zu erreichen, wenn er sich nicht bessern würde, folgende Erklärung:

»Mein Vater, guter Wein gibt gutes Blut, gutes Blut hebt die Stimmung, gute Stimmung führt zu guten Gedanken, gute Gedanken führen zu guten Werken, und gute Werke führen den Menschen in den Himmel; also muss der Wein mich ins Himmelreich führen.«

»Amen«, erwiderte der völlig verblüffte Pfarrer.

Eines Tages hatte ich Gelegenheit, den Weinkeller des Café Anglais zu besichtigen, der von Monsieur Delhomme, einem wahren Kenner, geführt wird. Um sechs oder sieben Uhr abends muss er in seine unterirdischen Gewölbe hinabsteigen, die an die Wunder von Tausendundeiner Nacht erinnern könnten, wenn der Islam nicht den Genuss von Alkohol verboten hätte. Es handelt sich um den Typ eines ganz besonderen Weinkellers. Eine Besichtigung von einer Stunde ist sehr lehrreich für alle, die gute Weine trinken wollen. Hier kann man in kurzer Zeit erfahren, in welchem Alter man einen Wein trinken muss und wie lange es dauert, bis ein Wein in der Flasche besser oder schlechter wird. Wie man weiß, ist das bei den verschiedenen Sorten höchst unterschiedlich; von Bedeutung ist hierbei auch der Jahrgang des betreffenden Weins. Den Wein eines guten Jahrgangs kann man länger in der Flasche aufbewahren als den Wein schlechter Jahrgänge. Diese wichtigen Kleinigkeiten könnte man niemals in kurzer Zeit lernen, man muss sich hier auf den Rat eines erfahrenen und vertrauenswürdigen Menschen verlassen. Was man in den Kellern des Café Anglais schnell lernen kann, ist die Kunst, einen Wein zu dekantieren.

Dekantieren heißt, eine Flüssigkeit, die ein Depot gebildet hat, bei leichter Schräghaltung der Flasche, umzufüllen. Davon hängt in großem Maße die Klarheit eines alten Weines ab.

Ein gut dekantierter Wein erscheint in der Karaffe mit dieser schönen, durchsichtigen Farbe, die sehr viel zur Freude beim Trinken eines guten Weins beiträgt.

Dabei kann der Verlust schon einmal zwei oder drei Gläser pro Flasche betragen.

Wenn man dann wieder die Wendeltreppe aus den Kellern des Café Anglais hinaufsteigt, trifft man, wenn der Betrieb losgeht, den großartigen Duglerez, diesen vornehmen Praktiker, den ich mehr als einmal in gastronomischen Dingen zu Rate gezogen habe ...

Wildschwein

In freier Wildbahn lebendes Schwein, das zu jagen nicht ganz ungefährlich ist. Das Wildschwein ist von Natur aus ein ziemlich menschenfeindliches Tier, das sich, wenn es ein gewisses Alter erreicht hat, ins tiefste Unterholz und Dickicht zurückzieht, wo es nicht gestört werden möchte. Man nennt es dann Keiler, Vierjähriger oder Einzelgänger. Wenn es angeschossen ist, stürzt sich das Tier mit seinen furchterregenden Hauern nicht selten auf den Jäger. In diesem Fall ist es am besten, wenn sich dem Jäger ein Ast bietet, an den er sich hängen und das Schwein unter sich passieren lassen kann, denn das Tier greift meist nur einmal an. Die Frischlinge und die jungen Wildschweine werden geschlachtet und als Spießbraten zubereitet.

Vom ausgewachsenen Wildschwein schmecken am besten die vorderen Teile, der Kopf und die Filets; man schneidet aus ihm auch Koteletts wie aus einem Hausschwein. Aber da es nicht sehr einfach ist, es ausbluten zu lassen, gewinnt man meist nicht genug Blut, um Blutwurst zu machen.

Wildschweinkoteletts Sankt Hubertus

Die Koteletts schneiden, zurichten, salzen, pfeffern und auf großer Flamme braten. Wenn sie von beiden Seiten gut durchgeschmort sind, werden sie kranzförmig angerichtet. In die Pfanne gibt man dann ein Glas Weißwein und ebensoviel spanische Soße. Einkochen lassen und über die Koteletts gießen.

Die spanische Soße kann durch eine Mehlschwitze ersetzt werden, die man mit einem Consommé verlängert.

Wildschwein im Schmortopf

Spicken, salzen und pfeffern Sie eine Wildschweinkeule, geben Sie sie dann in einen großen Topf, zusammen mit einigen Scheiben Speck, Zwiebelringen, Karotten, Pastinaken, einem großen Bund Petersilie, Zipollen, zwei Knoblauchzehen, vier Gewürznelken, zwei Lorbeerblättern. Lassen Sie alles auf kleiner Flamme eine halbe Stunde lang anschwitzen, begießen Sie es dann mit einem Glas Branntwein, einem halben Schoppen aus Weißwein und Brühe und lassen Sie den Braten darin sechs oder sieben Stunden schmoren. Kalt mit einem Topf Johannisbeergelee servieren.

Zwiebel

Wenn man über einen Gegenstand gut sprechen will, muss man diesen Gegenstand vor Augen haben, und so bewirkte die Vorsehung genau in dem Augenblick, als sich das Wort Zwiebel unter meiner Feder bildete, dass ich nach Roscoff gelangte.

Und in der Tat liefert dieser Zipfel der Bretagne mehr als das alte Ägypten den Beweis, dass damals beim Krieg der Götter gegen Jupiter die besiegten und bis an den Rand des Kontinents verjagten Götter, als sie sahen, dass ihnen kein Land mehr blieb, sich in Zwiebeln verwandelten, um dem Zorn Jupiters zu entgehen. In keiner anderen Gegend Frankreichs findet man diese Knolle, die in der Antike hoch gelobt und von den Dichtern besungen wurde, der die Ägypter göttliche Ehren erwiesen, in so großer Verbreitung.

Es gab Jahre, in denen Roscoff bis zu dreißig oder vierzig mit Zwiebeln beladene Schiffe nach England schickte.

Ein Bretone aus der Gegend kam als erster auf diese Idee. Aber um mit einem Schlag der französischen Zwiebel in England Erfolg zu verleihen und klarzumachen, dass die französische Knolle der britischen weit überlegen sei, brauchte es eine waghalsige Aktion, von der alle Welt sprechen sollte.

Dieser Bürger Roscoffs kam eines Tages zu Monsieur Corbière, dem Verfasser mehrerer Seeromane und weitgereisten Schiffsoffizier, der auch in Roscoff lebte, und fragte ihn, wie man auf englisch sagen müsse: *Die englische Zwiebel ist nicht gut.*

Die Antwort lautete:

The English onion is not good.

»Seien Sie doch so gut und schreiben Sie mir das auf«, bat der Roscoffer.

Monsieur Corbière nahm eine Feder und schrieb den verlangten Satz auf.

Der Roscoffer bedankte sich.

Drei Tage später sah man ihn, wie er auf einer mit Zwiebeln beladenen Schaluppe nach London aufbrach.

In der englischen Hauptstadt eilte er schnurstracks auf den bestbesuchten Markt und stellte ein Schild auf, auf dem in großen Lettern zu lesen war:

The English onion is not good.

Und unter dieses Schild stellte er einen kleinen Karren voller französischer Zwiebeln.

Man kennt ja die Engländer, sie gehören nicht zu denjenigen, die einen solchen Affront dulden. Einer von ihnen ging zu dem ausländischen Händler und redete auf ihn ein, doch der, da er kein Wort Englisch konnte, antwortete nur:

The English onion is not good. Diese Antwort brachte den Engländer auf die Palme, er trat auf ihn zu und ballte seine Fäuste.

Der Roscoffer wusste nicht, was der Engländer wollte, aber er sah sehr wohl, dass er bedroht wurde. Er packte den Engländer am Ellbogen und ließ ihn sich wie einen Kreisel dreimal um sich selbst drehen. Beim dritten Mal ging der Engländer zu Boden; wütend stand er wieder auf und sprang auf seinen Gegner zu, der immer noch auf der Hut war.

Der Roscoffer war sechs Fuß hoch und kräftig wie der Gott Teutates; er packte seinen Gegner, hob ihn hoch und schleuderte ihn auf den Bauch.

Das war gegen alle Kampfregeln; der Gegner muss mit den Schultern den Boden berühren, um als besiegt zu gelten.

Der Roscoffer merkte wohl, dass er noch nicht gewonnen hatte.

»Richtig, richtig«, gab er mit dem Kopf zu verstehen; dann ging er wieder in Kampfstellung, genauso, wie es der Engländer getan hatte.

Der Engländer rappelte sich erneut auf, und dieses Mal packte ihn der Zwiebelhändler am Hemdkragen und am Bauch und legte ihn ganz sanft auf die Erde, und zwar so, dass nicht nur eine Schulter, sondern beide Schultern den Boden berührten. Das machte er mehrere Male, bis der Engländer schrie:

»Genug, genug!«

Da schrien alle hurra, bravo. Die Engländer sind, wenn es um Kampfeskraft geht, die ersten, die hierin wahre Verdienste anerkennen, und sie wollten den Zwiebelhändler im Triumphzug davontragen.

»Nein, nein!«, schrie dieser und ballte wieder die Fäuste. »Während ihr mich davontragt, klauen die andern mir alle Zwiebeln.«

Da hatte der arme Teufel nicht ganz unrecht; und so kaufte man ihm am selben Tag noch alle Zwiebeln ab. Und abends war er ganz damit beschäftigt, diesen Triumph zu genießen.

Zwiebelsuppe à la Stanislaus

Stanislaus, der ehemalige polnische König, machte auf einer seiner Reisen von Luneville nach Versailles, wohin er jedes Jahr einmal fuhr, um die Königin, seine Tochter, zu besuchen, Station in einem Gasthof in Châlons, und man servierte ihm dort eine so delikate und ausgewogene Zwiebelsuppe, dass er nicht weiterreisen wollte, bevor er nicht gelernt hatte, selbst eine solche Suppe zuzubereiten.

Eingehüllt in seinen Morgenmantel stieg Seine Majestät hinunter in die Küche und verlangte, dass der Küchenchef vor seinen Augen die Suppe koche.

Weder der Rauch noch der Zwiebelsaft, der ihn dicke Tränen weinen ließ, konnten seine Aufmerksamkeit ablenken. Er beobachtete alles ganz genau, machte sich Notizen und stieg erst wieder in die Kutsche, nachdem er sicher war, die Kunst zu beherrschen, eine exzellente Zwiebelsuppe zuzubereiten.

Hier ist das Rezept der Zwiebelsuppe à la Stanislaus:

Man löst die Kruste von einem Brot, zerbricht sie in mehrere Stücke und hält sie kurz über das Feuer. Wenn die Stücke erwärmt sind, reibt man sie mit frischer Butter ein, hält sie dann noch einmal über das Feuer, bis sie ein wenig angeröstet sind. Man lässt sie in einem Teller ruhen, während man die Zwiebeln in frischer Butter anbrät. Für gewöhnlich nimmt man drei dicke, in kleine Würfel geschnittene Zwiebeln, man lässt sie auf dem Herd, bis sie leicht angebräunt sind; diese Färbung erhält man nur durch ständiges Rühren. Nun gibt man die Brotkrusten hinzu und rührt solange, bis die Zwiebeln richtig braun werden. Wenn sie braun genug sind, löst man sie vom Boden der Kasserolle, indem man kochendes Wasser hinzugießt; dann wie erforderlich würzen. Alles zusammen lässt man vor dem Servieren noch eine Viertelstunde köcheln.

Suppe der Jäger und Trunkenbolde

Es gibt zwei Arten von Zwiebeln: die weiße spanische Zwiebel und die kleine rote aus Florenz. Die dicke oder weiße spanische Zwiebel enthält viel zuckerhaltige Substanz, des Weiteren eine pflanzlich-tierische und eine phosphorhaltige Substanz. Diese Zwiebel schmeckt nicht nur gut, wegen ihres Zuckeranteils, sie ist auch sehr nahrhaft wegen ihrer pflanzlich-tierischen und sehr anregend wegen ihrer phosphorhaltigen Substanzen. Diese Zwiebel muss man nehmen für die Suppe der Jäger und der Trunkenbolde, die beide wieder zu Kräften kommen müssen:

Zwanzig dicke Zwiebeln werden sehr fein gehackt und in einem Topf mit einem Pfund Butter angeröstet. Wenn sie schön braun sind, werden drei Liter frisch gemolkene Milch hinzugegossen; die Milch muss frisch gemolken sein, andernfalls würde sie umschlagen. Wenn die Zwiebeln weich gekocht sind, gießt man die Suppe durch ein weitmaschiges Sieb, sodass sie eine sämige Konsistenz erhält. Dann salzen und pfeffern, mit sechs Eigelb binden und geröstete Brotwürfel hinzugeben. Et voilà!

NACHWORT

Alexandre Dumas liebte zeitlebens die gute Küche. Als man ihn fragte, woher er diese Neigung habe, sagte er, sie sei, wie seine Liebe zur Poesie, eine Gabe des Himmels. Dazu noch ein weiteres Bonmot von ihm: »Es ist langweilig zu essen, wenn man Hunger hat, denn sofort hat man keinen Hunger mehr.« 1838, im Alter von sechsundreißig Jahren, als er schon als Theaterautor eine gewisse Berühmtheit erlangt hatte, unternahm er eine ausgedehnte Rheinreise und berichtete darüber für verschiedene Pariser Zeitschriften. Als großer Gourmet hatte er häufig unter der deutschen Küche zu leiden und mokierte sich trefflich darüber – wie beispielsweise in der folgenden Szene: »Eine weitere Prüfung erwartete mich in Bonn. Das kleine Mittagessen bestand aus einer Suppe mit Klößchen, Rinderbraten mit Pflaumen, Hase mit Konfitüre und Wildschweinschinken mit Kirschen. Wie man sieht, es war also völlig unmöglich, sich mehr Mühe damit zu machen, dass eine mit dem anderen zu verderben, bei Speisen, die jede für sich durchaus schätzenswert sind.

Ich stocherte nur auf dem Teller herum, und als der Hase kam, konnte sich der Kellner nicht mehr zurückhalten.

›Mag Monsieur denn keinen Hasen mit Konfitüre?‹

›Ich finde das abscheulich.‹

›Das ist verwunderlich für einen großen Dichter, wie Sie es sind.‹

›Nun, da irren Sie sich, mein lieber Freund, ich schreibe Verse zum Privatverzehr, das ist richtig, aber das ist kein Grund, mich als einen großen Dichter zu bezeichnen und mir den Magen mit eurem Fraß zu verderben. Und übrigens, selbst wenn ich ein großer Dichter wäre, was hat denn Poesie mit einem Hasen mit Konfitüre gemeinsam?‹

›Unser großer Schiller schwärmte für Hase mit Konfitüre.‹

›Nun, ich habe nicht den gleichen Geschmack wie Schiller. Servieren sie mir Wilhelm Tell oder Wallenstein, aber schaffen Sie mir diesen Hasen wieder vom Hals.‹

Der Kellner nahm den Hasen wieder mit. In der Zwischenzeit probierte ich vom Wildschwein mit Kirschen. Doch kaum war der Kellner wieder da, reichte ich ihm wieder meinen vollen Teller; sein Erstaunen verdoppelte sich.

›Wie‹, fragte er, ›Monsieur mag auch kein Schwein mit Kirschen?‹

›Nein.‹

›Aber Monsieur Goethe liebte Schwein mit Kirschen ganz außerordentlich!‹

›Dass wusste ich nicht, aber unglücklicherweise habe ich nicht den gleichen Geschmack wie der Verfasser des *Faust.* Lassen Sie mir ein Omelett machen.‹«

Der Wirt versöhnte ihn wieder, indem er ihm versprach, ihm ein Menü *à la française* aufzutischen, zusammen mit einem ausgezeichneten Johannisberger.

Seine ersten großen Erfolge hatte Dumas mit Theaterstücken; in ganz Paris waren die Soupers berühmt, die danach serviert wurden. Auch in seinen weltbekannten Romanen, die ab den vierziger Jahren erschienen, ist immer wieder vom Essen und Trinken die Rede. Zusammen mit Schriftstellern und Künstlern wie Honoré de Balzac, George Sand und Eugène Delacroix war er häufiger Gast in den damals bekannten Pariser Restaurants.

In jungen Jahren ein schlanker, eleganter Dandy, nahm Dumas mit den Jahren an Körperfülle zu, sodass in der Zeitschrift *Le Tintamarre* ein Spottgedicht erscheinen konnte, in dem es hieß, er habe einen Bauch wie ein dickes Fass. Das störte ihn aber kaum, und er ließ es sich gerne gefallen, dass man ihm ein üppiges

Bankett anlässlich seiner Rückkehr von einer Russlandreise ausrichtete. Da gab es unter anderem Rinderfilet à la Monte-Christo, Hummer à la Porthos, Krebse à la d'Artagnan ... Er selbst hielt allerdings nicht viel von solchen blumigen Bezeichnungen und spottet darüber in seinem Wörterbuch der Kochkünste, das ihm 1869 der Verleger Alphonse Lemerre in Auftrag gab.

Um dieses Wörterbuch in Ruhe schreiben zu können, zog er sich nach Roscoff in die Bretagne zurück, in Begleitung seiner langjährigen Köchin, die später seine großen Kenntnisse lobte, mit seiner Pingeligkeit aber gar nicht zufrieden war: Immer wieder sei er in der Küche aufgetaucht, auch wenn es nur um unbedeutende Speisen gegangen sei.

Zu diesem Zeitpunkt litt er schon unter Schmerzen, und der Beginn des deutsch-französischen Krieges setzte ihm noch einmal besonders zu. Nach einem Schlaganfall reiste er, halb gelähmt, zu seinem Sohn nach Puys in die Normandie, wo er am 5. Dezember 1870 starb.

Sein Wörterbuch konnte er nicht vollenden; der Verleger beauftragte den jungen Anatole France, es auf der Grundlage von Dumas' Aufzeichnungen fertigzustellen. Nach anderer Lesart war es Denis-Joseph Vuillemot, ein mit Dumas befreundeter Koch, der dessen Manuskript zum Teil sehr eigenwillig bearbeitet haben soll. 1872 erschien dann das *Grand Dictionnaire de Cuisine,* zehn Jahre später die vom Verleger zusammengestellte kürzere Fassung, das *Petit Dictionnaire de Cuisine,* die allerdings, so andere Stimmen, am ehesten den von Dumas hinterlassenen Aufzeichnungen entspricht. Die Textlage ist also nicht hundertprozentig gesichert: Grundlage für unser Buch war in erster Linie das *Petit Dictionnaire.* Dumas' Wörterbuch enthält viele ganz unterschiedliche Einträge, die vom Aphorismus über die Anekdote und das einfache Rezept bis zur längeren Abhandlung reichen. Zu bedenken ist bei den Abhandlungen, dass wir es mit dem Wissensstand des 19. Jahrhunderts zu tun haben, den der Autor zudem recht eigenwillig aufbereitet hat. Bei den Rezepten wiederum muss man von der Kücheneinrichtung dieser Zeit ausgehen. Doch mit etwas Geschick und Phantasie kann man mit unserer Auswahl, wenn man Dumas' Anregungen der modernen Küche anpasst, so manches schmackhafte *Menu à la Dumas* kreieren.

JOACHIM SCHULTZ

LEBENSDATEN

1802, 24. Juli Alexandre Dumas wird in Villers-Cotterêts (Departement Aisne) geboren; sein Vater, ein Mulatte, hatte sich als General einen Namen gemacht.

1823 Dumas geht, nach einer Ausbildung als Notariatsschreiber, nach Paris und wird Sekretär beim Herzog von Orléans. Er beginnt zu schreiben, zuerst Theaterstücke.

1823 Geburt des unehelichen Sohnes Alexandre (Mutter: Laure Labay).

1829 Erfolg mit einem Drama über Heinrich III.

1831 *Antony*, eines der erfolgreichsten Bühnenstücke der Romantik. Geburt der unehelichen Tochter Marie (Mutter: Belle Krebsamer).

1837 Dumas wird Ritter der Ehrenlegion.

1837 Rheinreise, zum Teil in Begleitung von Gérard de Nerval.

1840 Hochzeit mit Ida Ferrier, mit der er viele Reisen unternimmt.

1841 Buchausgabe des zuerst als Zeitungsartikel erschienenen Berichts über seine Rheinreise: *Excursions sur les bords du Rhin*.

1844 *Die drei Musketiere*. Bau der Villa Monte Christo in Saint-Germain bei Paris.

1845 *Zwanzig Jahre später*.

1845 *Königin Margot*.

1846 *Der Graf von Monte Christo*.

1848 *Der Vicomte de Bragelonne* (der dritte Musketierroman). Scheidung von Ida Ferrier. Die Villa Monte Christo muss verkauft werden.

1849 ff. Zahlreiche weitere Romane erscheinen in den folgenden Jahren; doch zunehmend schwierige Finanzverhältnisse.

1858 Im Juni Beginn der großen Russlandreise.

1859 Im März Rückkehr nach Paris, im April großes Bankett zu seinen Ehren.

1863 Dumas' Werke werden vom Vatikan auf den Index gesetzt.

1865 Ab diesem Jahr erscheinen Dumas' *Gesammelte Werke* bei dem Verleger Michel Levy.

1867 Liaison mit der amerikanischen Schauspielerin Adah Isaaks Menken.

1969 Der Verleger Alphonse Lemerre beauftragt Dumas, ein Wörterbuch der Kochkunst zu schreiben.

1870 Dumas stirbt am 5. Dezember in Puys bei Dieppe.

GLOSSAR

Arak: Reisbranntwein; auch ein bestimmter Schnaps aus Zuckerrohrsaft (dem vesou) wurde so genannt.

Coulis: eine Art Fond, der im Voraus zubereitet wird und in den Küchen vorrätig ist, um einige Ragouts zu vollenden, deren Soße gebunden werden muss. (vgl. Rezept).

Café Anglais: berühmtes Pariser Restaurant; bekannt war sein besonderer Speisesaal, »le grand seize«, der für kleine Staatsbankette, aber auch für intime Diners zur Verfügung stand.

Chipolatas: kleine Knoblauchwürstchen. Unter ›chipolata‹ versteht man aber auch ein Ragout aus Zwiebeln, Karotten, Kastanien und anderem Gemüse.

Duxelles: braune Deck- und Füllsoße.

Entremets: Zwischengang oder Beilage.

Flageolet: kleine weiße Bohne (Krüllbohne).

Fond (wörtlich: Grundlage): Flüssigkeit, die durch Kochen, Dünsten oder Braten von Fleisch, Geflügel, Fisch oder Gemüse gewonnen wird.

Garbanzas (span.): Kichererbsen.

Gigot: Hammelkeule.

Glace: Der *Larousse gastronomique* erläutert: »Die ›glaces‹ sind eigentlich ›fonds‹, die durch Einkochen eine sirupartige Konsistenz erlangt haben.« Das Wort bedeutet aber auch Eis.

glacieren: einkochen lassen; auch: mit einer Fett- oder Zuckerschicht überziehen.

Gummi arabikum (Mimosenzucker): Kleb- und Bindemittel aus dem Saft bestimmter Akazien; dient auch zur Herstellung von Hustensirup.

Hausenblase (colle de poisson, Fischleim): besteht aus der getrockneten inneren Haut der Schwimmblase verschiedener großer Fischarten (Stör u.a.) und wurde in der Küche zur Herstellung von Gelees und Süßspeisen verwendet.

Isigny: kleine Stadt im Departement Calvados, die durch ihre Butter berühmt geworden ist.

Jus: entfetteter Bratensaft, der beim Erkalten geliert.

Kassonade: Rohzucker, gelber bis brauner, ungereinigter Zucker (Farinzucker).

Metze (litron): etwa 0,8 Liter.

Mignonette: grobgemahlener Pfeffer. Früher bezeichnete man mit diesem Begriff ein Musselinsäckchen mit Piment, Muskatnuss, Koriander, Zimt, Ingwer und Gewürznelken. Es wurde für kurze Zeit mitgekocht, um den Geschmack zu verfeinern, und konnte mehrmals verwendet werden.

Mud (muid): 18 Hektoliter.

Osmazom: Begriff, den man fälschlicherweise benutzte, um die Geschmacksstoffe des Fleisches zu bezeichnen.

Pinte: damals in Frankreich 0,931 Liter.

Roux: Mehlschwitze (vgl. Rezept).

Spanische Soße: Grundsoße in der großen französischen Küche (vgl. Rezept).

Stückfass (pièce de vin): Gebinde Wein von regional unterschiedlicher Menge.

Unze (once): etwa 30 Gramm.

Velouté: weiße Grundsoße. Dumas schreibt dazu, dass sie wie die spanische Soße zubereitet werde. Man müsse sie nur einkochen lassen und Champignons oder Trüffel hinzugeben.

Sie lässt sich aber auch aus einer Mehlschwitze zubereiten, indem man einen halben Liter Kalbs- oder Geflügelfond hinzugießt, einkochen lässt und mit Salz und Pfeffer würzt.

Verjus: saurer Saft aus nicht ganz gereiften Trauben; man verwendet ihn wie Essig.

Wat(t)erfisch: Fischfond.

Zipolle (ciboule): eine Art Frühlingszwiebel.

Zoll (pouce): ein Zwölftel Fuß (pied) = 32,5cm.

PERSONENVERZEICHNIS

AULAGNIER, Alexis François (1767–1839): Leibarzt von Joseph Bonaparte, veröffentlichte das *Dictionnaire des aliments et des boissons* (1814).

BEAUVILLIERS, Antoine (1734–1817): berühmter Koch und Restaurantbesitzer, veröffentlichte *L'Art du cuisinier* (1814).

BIÈVRE, Marquis de (1747–1789): Schriftsteller, der besonders durch seine Wortspiele bekannt geworden ist.

BRILLAT-SAVARIN, Jean Anthelme (1755–1826): Schriftsteller, Jurist und Gastronom, berühmt durch seine *Physiologie des Geschmacks* (1825).

CARÊME, Marie Antoine (1783–1833): berühmter Koch und Verfasser gastronomischer Schriften.

FONTENELLE, Bernard Le Bovier de (1657–1757): Schriftsteller und Philosoph, Vorläufer der Aufklärung.

GRIMOD DE LA REYNIÈRE, Alexandre Balthasar (1758–1838): Schriftsteller, der durch verschiedene gastronomische Bücher (*Almanach du gourmand* u.a.) bekannt geworden ist.

LEVAILLANT, François (1753–1824): Entdeckungsreisender und Ornithologe.

PARMENTIER, Antoine Augustin (1737–1813): Apotheker und Agronom, der in Frankreich die Kartoffel als allgemeines Lebensmittel eingeführt hat.

LOUIS FRANÇOIS ARMAND DU PLESSIS, Herzog von Richelieu (1696–1788), genannt *Marschall Richelieu*; u.a. Feldherr im Siebenjährigen Krieg.

RIVAROL, Antoine, comte de (1753–1801): Philosoph und Schriftsteller, verfasste im Auftrag der Berliner Akademie seine berühmte Schrift *Über die Universalität der französischen Sprache* (1784).

STANISLAUS I. LESZCZYŃSKI, (1677–1766): polnischer König (1704–1709 und 1733–1736), musste später Polen verlassen und wurde (als Schwiegervater Ludwigs XV.) Herzog von Lothringen und Bar. Die schönen Innenstädte von Nancy und Lunéville zeugen von seiner Herrschaft.

TALMA, François-Joseph (1763–1826): berühmter französischer Schauspieler.

VATEL, François (1635–1671): berühmter Haushofmeister und (was aber nicht gesichert ist) Koch.

VUILLEMOT, Denis-Joseph: ein mit Dumas befreundeter Koch und Restaurantbesitzer.

(Hier werden nur die wichtigsten Personen aufgeführt. Überdies konnten zu einigen Erwähnten keine Angaben gefunden werden.)

INHALTSVERZEICHNIS MIT REZEPTEN

Noch ein Wort ans Publikum 5

Appetit 9
Artischocke 10
· *Artischocken nach Grimod de La Reynière*
Aubergine 12
· *Auberginensalat auf provenzalische Art*
· *Auberginen auf Pariser Art*
Auster 14
· *Austern mit Parmesan*
Bier 16
Bohnen 19
· *Bohnen à la bonne fermière*
· *Weiße Bohnen mit Speck à la villageoise*
Brot 22
Butter 25
Cavaillon-Melonen 27
Coulis 29
Diner 30
Dorade 31
Ei 32
· *Pochierte Eier*
· *Eier mit Parmesan*
Forelle 36
· *Forelle à la Saint-Florentin*
Gans 38
· *Martinsgans*
Garenne – Von Kaninchen & Schäfchen 41
Hahn 46
· *Huhn, Hühnchen, Poularde*
· *Huhn auf provenzalische Art*
Ein Hummer kommt selten allein 52
· *Menü*
· *Tomatensuppe mit Garnelenschwänzen*
· *Hummer à l'américaine*
· *Scholle in normannischer Soße*
· *Makrelen à la maître d'hôtel*
· *Hühnchen am Faden*
· *Frittierter Tintenfisch*
· *Rühreier im Nierchensaft, Spargelspitzen, Tomaten auf provenzalische Art*

· *Salatherzen à l'espagnole*
· *Rühreier mit Garnelenschwänzen*
· *Hummer à la Alexandre Dumas*
Kaffee 69
· *Mahlen des Kaffees*
· *Zubereitung des Kaffees*
· *Geeister Café à la crème*
Kalb 77
· *Koteletts auf provenzalische Art*
· *Kalbsnieren in Weißwein*
Kaninchen 79
· *Kaninchenkasserolle*
Karotte 82
· *Karottenragout oder Karotten auf Hausfrauenart*
Karpfen 84
· *Karpfen à la Chambord*
· *Karpfen auf Piemonteser Art*
Kartoffel 88
· *Kartoffeln à la Maître d'hôtel*
· *Kartoffeln auf provenzalische Art*
· *Gefüllte Kartoffeln*
Käse 92
Kasserolle 94
· *Reiskasserolle bürgerlicher Art*
· *Reiskasserolle à la Reine*
Knoblauch 97
Koch 99
Krabbe 104
Krebs 105
· *Krebse nach Vuillemot*
Kutteln 108
· *Vorbereitung von Rinderkutteln*
· *Kutteln à la mode de Caen*
Lachs 110
· *Gerollter Lachs auf irische Art*
· *Lachs auf Genfer Art*
Lamm 112
· *Großer Lammbraten mit gefüllten Tomaten*
· *Lammbrust auf grünen Johannisbeeren*
Lebensmittel 116
Madeleine 118
· *Madeleines à la Madeleine*
Mandeln (süß, bitter) 125
· *Gebrannte Mandeln*
· *Mandelplätzchen*
· *Schwerer Mandelkuchen*
Mehlschwitze à la française 129
Nierchen 130
· *Hammelnierchen nach Art der Musketiere*
· *Kalbsnierchen in Weißwein*

Omelett mit Tomaten auf provenzalische Art **132**
Petersilie **133**
Pflaume **134**
Pot-au-feu **136**
Punsch **139**
Rahm, Creme **142**
· *Geschlagene Creme auf Bäuerinnenart*
· *Champagnerweincreme*
· *Zabaione*
Reh **144**
· *Rehbraten aus dem Hinterblatt*
· *Rehpfeffer*
Remoulade **146**
· *Remoulade auf provenzalische Art*
Rind **147**
· *Speisenfolge für ein erlesenes Diner nur vom Ochsen*
· *Geschmorte Rinderfilets in Madeira*
· *Bœuf à la mode, à la bourgeoise*
Rübchen in vornehmer Gesellschaft **154**
· *Glacierte Rübchen*
· *Rübchen à la d'Esclignac*
Soße **158**
· *Große Soße*
· *Gebundene Soße à la Maître d'hôtel*
· *Spanische Soße*
· *Sauce hollandaise*
· *Sauce Robert*
· *Sauce béarnaise mit Schalotten*
Sauerkraut **165**
· *Sauerkrautrezept*
Spargel **168**
· *Rühreier mit Spargelspitzen*
Spinat **170**
· *Spinat auf alte Art*
Steinpilze à la bordelaise **171**
Tee **172**
Toast **175**
Tomaten **177**
· *Tomaten à la Grimod de La Reynière*
Wasser **178**
· *Seltzer Wasser*
Wein **182**
Wildschwein **206**
· *Wildschweinkoteletts Sankt Hubertus*
· *Wildschwein im Schmortopf*
Zwiebel **208**
· *Zwiebelsuppe à la Stanislaus*
· *Suppe der Jäger und Trunkenbolde*

Nachwort **215**
Lebensdaten **221**
Glossar **223**
Personenverzeichnis **226**

Erste Auflage, Berlin 2020

Göhrener Str. 7 | 10437 Berlin
info@matthes-seitz-berlin.de

UMSCHLAGGESTALTUNG, SATZ UND
ILLUSTRATION: Pauline Altmann, Berlin
HERSTELLUNG: Hermann Zanier, Berlin
SCHRIFT: Maiola von Veronika Burian, TypeTogether
DRUCK UND BINDUNG: GGP Media GmbH, Pößneck

ISBN 978-3-95757-614-9

www.matthes-seitz-berlin.de

Alexandre Dumas

Schiffbrüche

Wahre Geschichten

Aus dem Französischen von Nicola Denis
Französische Bibliothek Bd. 4
248 Seiten, gebundener Leinenband

Alexandre Dumas, der Autor von weltbekannten Abenteuerklassikern wie *Die drei Musketiere* und *Der Graf von Monte Christo*, hat auch vier Geschichten von historischen Schiffskatastrophen hinterlassen, in denen er sich ganz auf der Höhe seiner Erzählkunst zeigt. Dumas erzählt mitreißend vom Kampf gegen die Naturgewalt des Wassers. Vom Durst, Erschöpfung, Tapferkeit, Aufrichtigkeit, Mut, Durchhaltekraft: Der Mensch in seiner elementaren Nacktheit im Kampf um das Überleben steht im Zentrum dieser eindrucksvollen Schilderungen. Sie vermitteln pure Lesefreude, immer findet sich ein Held, mit dem man mitfiebern, immer auch Schurken, gegen die man sich verbünden kann.

»An die Grenzen des Menschlichen führen viele Wege, einer hinaus aufs Meer. [...] Mit ohnmächtigem Gottvertrauen trotzten die Seefahrer den Wellen, dem Sturm, dem Regen – nicht wenige verschluckte das Meer, andere hofften inmitten treibender Schiffstrümmer auf ein Wunder. Von solchen Havarien erzählen die vorliegenden vier Geschichten.«

David Hugendick, *Die ZEIT*

Donatien Alphonse François de Sade
Erotische Italienreise

Aus dem Französischen Stefan Zweifel und Michael Pfister
Französische Bibliothek Bd. 7
365 Seiten, gebundener Leinenband

Nach einem außer Kontrolle geratenen Stelldichein mit vier Prostituierten in Marseille wird de Sade 1771 per königlichem Haftbefehl gesucht, doch der Marquis ist längst über alle Berge – gemeinsam mit der schönen Anne-Prospère, der jüngeren Schwester seiner Ehefrau Renée. In Italien durchlebt er mit seiner jungen Geliebten eine Amour fou und macht, seiner Leidenschaft für das Enzyklopädische folgend, in seinen Notizen Inventur der italienischen Kultur. Neben Beschreibungen von Baukunst und Kulinarik finden sich in den Aufzeichnungen skandalöse Beobachtungen: Karnevalsszenen in Neapel gleichen satanischen Orgien, Prostitution und Gewalt bestimmen das gesellschaftliche Leben und zugleich hält der christliche Aberglaube die Menschen im eisernen Griff. Die Reise endet mit de Sades Verhaftung.

»Marquis de Sade, Urvater und Namensgeber des Sadismus, sein Schädel wurde aufgespalten, seine Perversionen bleiben unsterblich.«

Stefan Zweifel und Michael Pfister

Jules Barbey d'Aurevilly
Ein verheirateter Priester

Aus dem Französischen von Hermann Hofer
Herausgegeben von Gernot Krämer
Mit einem Essay von Pierre Klossowski
Französische Bibliothek Bd. 8
520 Seiten, gebundener Leinenband

Jean Sombreval hat sein Leben als Priester und das Zölibat hinter sich gelassen und sich ganz der Wissenschaft und dem Fortschritt zugewandt. Doch als er nach dem Tod seiner Frau mit seiner über alles geliebten Tochter Calixte in sein Heimatdorf zurückkehrt, holt ihn die Vergangenheit ein. Die alte Malgaigne, Jeans Amme und Ziehmutter, Hellseherin und Relikt aus archaischen Zeiten, hat schreckliche Vorahnungen, die sich nach und nach bewahrheiten. Als sich auch noch der junge Néel Hals über Kopf in die fromme Calixte verliebt, nimmt das Unglück seinen Lauf.

Dieser faustische Roman erzählt von Schöpfern und Vätern, vom Schicksal des Geschöpfes, von Liebe und Zerstörung. Er versetzt uns zurück in die französische Gesellschaft nach der Revolution, in der Katholizismus und Atheismus, Aristokratie und aufstrebendes Bürgertum, Vergangenheit und Gegenwart sich unversöhnlich gegenüberstehen.

»Barbey d'Aurevilly ist eine der beeindruckendsten Stimmen, die ich kenne; seine Stärke ist der Ausdruck, die Gabe unwiderstehlicher Beredsamkeit.«

Léon Bloy

Benjamin Constant
Adolphe

Aus dem Französischen von Erich Wolfgang Skwara
Französische Bibliothek Bd. 11
220 Seiten, gebundener Leinenband

Ein junger Adliger mit besten Aussichten erobert aus einer Laune heraus die Geliebte eines anderen, Elléonore, wie eine Trophäe. Doch statt einer flüchtigen Liebschaft entwickelt sich eine Bindung, die den Protagonisten zu erdrücken droht. Adolphe ist ein beklemmendes Kammerspiel über eine selbst gewählte Abhängigkeit, aus der es keinen Ausweg zu geben scheint. Die Flucht aus der Enge der Gesellschaft führt in eine noch engere Isolation: Die Zweisamkeit wird zum Gefängnis, die Nähe zur Fessel. Adolphe erfährt die erste große Liebe als Strudel, der ihn von seinem vorgezeichneten Pfad zerrt und eine Rückkehr in geregelte Bahnen unmöglich macht, sodass er sich in tiefe Verzweiflung und Elléonore ins Verderben stürzt. Zu Beginn des Jahres 1807 notierte Benjamin Constant in seinem Tagebuch: »Ich werde einen Roman schreiben, der meine eigene Geschichte ist.« Bereits fünfzehn Tage später ist ein Klassiker geboren: zeitlos durch die erschütternde Authentizität des Selbsterlittenen, doch in seinem Zwang zur Selbstbeobachtung geradezu aktuell. Eine Geschichte über die Zwänge der Liebe und die Schuld, die man auf sich lädt, wenn die Liebe endet.

»Mit einem Einblick in das menschliche Herz geschrieben, der denjenigen schaudern macht, der sich in einer ähnlichen Lage befunden hat oder befindet.«

Franz Grillparzer

François Augiéras

Eine Reise auf den Berg Athos

Aus dem Französischen von Dirk Höfer
Mit einem Vorwort von Jean Chalon
Französische Bibliothek Bd. 10
248 Seiten, gebundener Leinenband

Ein junger Mann findet sich in einem seltsamen Dorf wieder, durch das er Zugang zur Mönchsrepublik Athos erhält. Er betritt den heiligen Boden, altert, verändert seine Gestalt und sein Wesen, empfindet den Duft der Kiefern und den Gesang der Zikaden als ebenso intensiv und unwirklich wie seine erotischen Begegnungen mit den Mönchen. Erzählt Augiéras von einem Fiebertraum, einer Unterweltfahrt oder tatsächlich vom heiligen Berg Athos? Es spielt keine Rolle, denn seinem Bericht aus einem Zwischenreich, in dem Heiligkeit und Fleischlichkeit, Vereinigung und Einsamkeit nebeneinander existieren, eignet eine Wahrheit über den Menschen an sich.

»Ich war auf den Geschmack einer unbeschreiblichen Freiheit gekommen! Auch wenn ich vielleicht unglücklich war, ich wollte nicht in einen Halbschlaf zurückkehren und ein Mensch sein, der nur in einer Zeit, in einem einzigen Leben, in einem einzigen Zustand eingeschlossen ist! Ich erinnerte mich, hundertmal gelebt zu haben, immer der Gleiche, und immer ein Anderer, Alchimist in Byzanz, Mönch in Russland, auf dem Athos, in Asien!«

Napoleon Bonaparte
Liebesbriefe

Aus dem Französischen von Ulrich Kunzmann
Französische Bibliothek Bd. 9
506 Seiten, gebundener Leinenband

Désirée Clary, die spätere Königin von Schweden, war die erste Geliebte des damals noch unbedeutenden Napoleon Bonaparte. Die junge polnische Gräfin Maria Walewska sowie Marie-Louise von Österreich folgten ihr. Napoleon schrieb ihnen allen hinreißende Briefe, die hier zum ersten Mal auf Deutsch zu lesen sind. Sie dokumentieren Napoleons Aufstieg, seine Schlachten und Siege, offenbaren aber auch bisher ungeahnte, zarte Seiten an ihm und zeigen, dass in seinem Leben als Kaiser der Franzosen erstaunlich viel Zeit für Liebesdinge war. Doch während er militärisch seinen Einflussbereich immer weiter ausbreiten konnte, scheiterte er daran, seine größte Sehnsucht zu stillen: Seine erste Frau Joséphine de Beauharnais blieb der leidenschaftlichen Hingabe ihres Mannes gegenüber stets ein wenig reserviert. Umso hitziger und verzweifelter werden seine Worte; nahezu herzzerreißend liest sich sein Versuch, einen Streit mit drei Küssen zu beenden. Napoleons Liebesbriefe sind ein Zeitzeugnis von unschätzbarem Wert, sie zeigen einen der wichtigsten Männer der europäischen Geschichte in neuem Licht.

»Wie mächtig ein mächtiger Mann wirklich ist, erkennt man bekanntermaßen an seinem Verhältnis zu Frauen, wie [in diesem Buch] nachzulesen ist.«

DIE WELT